Sonja Still · Bayerns Mythen

Allitera Verlag

Band 3 der Buchreihe

Bayerische *Landpartien* ♡

SONJA STILL, Journalistin, Buchautorin und Filmemacherin, ist in München und am Tegernsee aufgewachsen. Sie hat Germanistik und Linguistik in Münster studiert. Nach dem Volontariat ging sie die ersten Schritte im Beruf beim WDR, heute arbeitet sie als freie Autorin fürs Fernsehen und für diverse Zeitschriften (u. a. Land*lust*). Tourismus und Reise sind ihre Schwerpunkte, Heimat und Tradition in Bayern ergänzen den Fokus. Im Kulturjahr Ruhrgebiet 2010 erhielt sie den »Grimmepott« des Grimme-Instituts für ein crossmediales Projekt zum Thema »Heimat«.

Sonja Still

Bayerns Mythen

Ein Kulturreiseverführer zu Geierwally, Jennerwein, Kneißl & anderen Rebellen

Allitera Verlag

Originalausgabe Mai 2019
Allitera Verlag
Ein Verlag der Buch&media GmbH, München

Herstellung und Umschlaggestaltung: Johanna Conrad
Gesetzt aus der The Sans und der Dax
Printed in Europe · 978-3-96233-020-0

Allitera Verlag
Merianstraße 24 · 80637 München
fon 089 13 92 90 46 · mail info@allitera.de
www.allitera.de

Inhalt

dare to be remarkable
in memoriam Ulrike Antretter (1967–2008)

Vorwort oder Worum wir uns hier bemühen

»Bayerns Mythen« – so der Titel dieses Buchs. Es möchte Sie, verehrte Leserinnen und Leser, einladen, sich auf den Weg zu machen, um auf Spuren von bayerischen Figuren zu wandeln, die im lokalen Bewusstsein seit Generationen in Bayern verankert sind. Es sind keine mystischen Begegnungen, es sind einfach wunderbare Geschichten, die Sie dann erleben können. Vermutlich haben Sie schon ein paarmal den Namen einiger Helden gehört, vielleicht kennen Sie auch den einen oder anderen besser. Aber es ist wie in einer guten Familie: Manchmal gibt es doch Überraschendes, was man »von dem« nie gedacht hätte. Machen Sie eine Rundreise vom bayerischen Oberland ins Unterland auf den Spuren des Schmied von Kochel, erfahren Sie, was der Räuberhauptmann Kneißl verbrochen hat oder gehen Sie mit ins Paradies am Tegernsee mit dem Brandner Kaspar, folgen Sie dem Weg des oreidigen Rebellen und Wildschützen Jennerwein am Schliersee.

Das Buch erlaubt sich immer wieder, auch im Dialekt zu reden, so wie den Protagonisten eben der Schnabel gewachsen war. Manchmal braucht's aber Erklärung. »Oreidig« – das ist vermutlich so ein Wort, das vielleicht nicht jeder Leser gleich versteht. »Oreidig« steht im Gegensatz zu »ohabig«: »anhänglich und lästig« wäre vielleicht ein Wortpaar, das dafür gebraucht werden kann. Diese bairischen Ausdrücke sind im Hochdeutschen nicht eindeutig zu übersetzen. »Menschats« (junge Mädchen) können »ohabig« sein, »Preißn« sind gern mal »ohabig« – sie kommen daher, übernehmen Gepflogenheiten und kommen immer wieder oder bleiben sogar einfach. Es hat in etwa eine Bedeutung von anhänglich, aber mit einer Tendenz zum »pappig, klebrig, lästig« sein. Im umgangssprachlichen Neudeutsch spräche man vielleicht vom »Stalken«, ohne den kriminellen Aspekt zu meinen. »Oreidig« nun wiederum ist allein eher ein negativer Ausdruck für Eigenschaften, die mit

Ekel, Abscheu oder Ablehnung zu tun haben. Aber eben nicht so ganz. Denn es geht ja um »oreidige« Rebellen – also Menschen, die gewissermaßen widerspenstig und nicht eindeutig zu verurteilen sind. Die sich zwar außerhalb der anerkannten Normen bewegen, aber irgendwie als »Schlawuzi«, »Weiberer«, »Hunzkrippe« agieren und einen gewissen Charme mit sich bringen. Und man zollt ihnen Respekt für ihr Tun, obwohl oder gerade weil sie gegen die Regel, die Norm verstoßen. Sie tun, was man selbst sich nicht traut. Mit einem Hang zur Theatralik legen sie eine impertinente Widerborstigkeit gegen die Obrigkeit oder die Vorgesetzten an den Tag. Die heutige Vereinbarung zur »political correctness« wäre ihnen wohl die größte Höllenqual. Und dann kommt ja auch noch dieser gute Schuss »Robin Hood« hinzu ...

Und damit sind wir schon fast mitten in der Geschichte: Oreidige Rebellen haben es im Leben trotz Mord und Totschlags zu etwas gebracht, haben sich einen Ruf aufgebaut, der sie in gewisser Weise unsterblich und zum Mythos werden ließ. Es sind Identifikationsmodelle früherer Zeit, die bis in unsere Tage hinein wirken. Freilich vielleicht nicht mehr als Helden, aber als Geschichte. Denn nichts anderes meint das Wort Mythos erst einmal: Erzählung und Heldenreise. Alles andere sind wissenschaftliche Theorien, die dem Begriff aufgepfropft wurden. Ein Held macht seine Reise – die Geschichte davon bringt uns, der wir ihr lauschen, etwas näher: Wir lernen davon, wie sich Menschen bewähren, nebenbei unterhalten wir uns mit diesen Dichtungen. Während der Held auf die Reise geht, können wir dem Alltag entfliehen. »Das Schlimmste an der Hölle ist, dass man dort keine Geschichten und keine Musik hört, die den Menschen all seine täglichen Nöte vergessen lassen«, schreibt der rumänische Philosoph Mircea Eliade.

Der Mythos Bayern lebt

In Bayern, so die Mär, gehen die Uhren noch anders. Hier ist die Welt quasi noch in Ordnung, der Himmel weiß-blau, die Berge und Seen laden ein, die Seele baumeln zu lassen. Aus Bayern kommt Ordnung in die Bundespolitik, in Bayern sorgt der Innenminister stets für strenge Wachsamkeit, nur mit dem Ministerpräsidenten ist es manchmal ein Kreuz. Bayern hat sich heutzutage mit der CSU einen eigenen Mythos geschaffen. Bayern ist allerdings auch eine Erfindung der Wittelsbacher.

Der Mythos Bayerns wurde in den letzten Jahren mehr und mehr vermarktet und 2018 hat sich ihm im Kloster Ettal sogar eine große Landesausstellung (siehe Abbildung unten) ausführlich gewidmet. Dahinter mag stehen, was die Psychologin Brigitte Veiz in ihrer Doktorarbeit bereits in den 1990er-Jahren für das Münchner Oktoberfest festgestellt hatte: »Die Zugehörigkeit zu einer Gemeinschaft ist ein wichtiger Aspekt der menschlichen Identität. Auf dem Oktoberfest und in Tracht kann jeder glauben dazuzugehören und dem Alltag zu entfliehen.« Kommen darum so viele aus Deutschland und der ganzen Welt nach Bayern? Oder wünschen sich deshalb so manche Bürger Nordrhein-Westfalens in Umfragen kurz vor Wahlen, sie dürften CSU wählen?

Daheim granteln die Bayern vor sich hin über solcherlei Ausführungen: »So a Schmarrn!«, denn sie reden gerne Dialekt. Sonst haben sie zur Religion ein bodenständiges – wir, nämlich wir Bayern waren Papst! – und ein mystisches Verhältnis zum Bier. Darauf ein Prosit und oans, zwoa, drei, gsuffa! Das alles sind bayerische Mythen und stärken wohl den Mythos von Bayern. Auch wenn kaum einer weiß und es schon gar keinen interessieren kann, dass der berühmte Trinkspruch als Erstes von einem Sachsen intoniert wurde. So geht's übrigens mit allen Mythen. Zu sehr will und soll keiner die

Kloster Ettal mit dem Holzpavillon zur Landesausstellung »Mythos Bayern. Wald, Gebirg und Königstraum«, 3. Mai bis 4. November 2018.

Sachlage hinterfragen. Denn wer möchte schon glauben, dass Marylin Monroe oder Lady Di einfach Frauen waren, die auf blöde Männer reinfielen oder dass James Dean und Falco zu schnell mit dem Auto rasten? Dass der Bayerische Hiasl ein Depp und der Räuber Kneißl ein Krimineller war? Da wär ja der ganze Mythos dahin ...

Um Bayern und seine Menschen zu verstehen, kann man sich über die beliebtesten Heldenfiguren annähern. Freilich gibt es viel mehr Geschichten und Heldenreisen, als die, die hier im Buch genannt sind. Wir erheben keinen Anspruch auf Vollständigkeit. Wir haben quasi nur die VIPs der Volkshelden in den Fokus genommen. Und auch da nur die, zu denen es einen Zugang gibt. Es soll ja ein Vergnügen sein, sich mit dem Buch durch Bayern zu bewegen.

Und so begleiten wir einige der bayerischen Heldenfiguren in ihr Wirkungsgebiet, erzählen ihre Saga, schauen auf die Landschaften, in denen sie zu Hause waren und sprechen ihre Sprache. Sie, liebe Leserinnen und Leser, können auf den Spuren wandeln, können schauen, ob Sie mit dem Helden warm werden. Vielleicht, so die Hoffnung und darum das Buch, ist die Begegnung mit solch oreidigen Helden oder narrischen Menschat heute noch erfrischend und erhellend.

Bayerische Mythen

»Bayern ist einzigartig. Kein anderes Land in Deutschland hat eine vergleichbare Tradition der Eigenstaatlichkeit.« So schreibt Bayerns aktueller Ministerpräsident im Grußwort zum Ausstellungskatalog »Mythos Bayern«. Man kann es so sehen. Man könnte auch davon sprechen, dass kein anderes Land in Europa eine vergleichbare Geschichte hat. Es darf gehofft werden, dass dieser Franke, der gerade Bayerns Ministerpräsident ist, sein Amt mit Würde und Geist ausfüllt. Denn ein Franke ist zwar ein Mensch, aber kein Bayer. Und bevor nun alle Leser aufschreien: rein freistaatsrechtlich sicherlich, aber stammesmäßig noch lange nicht. Die Bayern, so steht es in einem kleinen Brockhaus-Lexikon von 1969, seien ein kleines diebisches Bergvolk am Rande der Voralpen. Gell, da kommt schon das Oreidige durch!? Vor allem kommt durch, dass es eine Bevölkerung der Berge ist. Also kann ein Franke kein Bayer sein.

Mythos bayerische Könige

Außerdem gehören echte Bayern zum herkömmlichen Untertanenareal der Wittelsbacher, der Herrscherfamilie des Landes. Seit rund 950 Jahren besteht zwischen den Wittelsbachern und ihren (ehemaligen) Untertanen durch alle Schicksalsschläge und Skandale, durch alle Spinnereien und Unterdrückung, durch Krieg und Frieden hindurch, ein enges Verhältnis. 1073 brachte es der Stammvater der Wittelsbacher, Graf Otto III. von Scheyern, zur ersten Erwähnung. Als der Wohnsitz auf die Burg Wittelsbach in der Nähe von Aichach verlegt wurde, wurde aus den derer von Scheyern die Wittelsbacher. Diese Wittelsbacher haben Bayern geformt, vielleicht sogar erfunden, wie mancher Historiker schreibt.

König Ludwig I., Gemälde, Joseph Karl Stieler, 1826.

Kaiserin Elisabeth im Galakleid, Gemälde, Franz Xaver Winterhalter, 1865.

König Ludwig II., Gemälde, Ferdinand von Piloty, 1865.

Prinzregent Luitpold, Gemälde, Friedrich August von Kaulbach, um 1912.

König Max I. Joseph, Gemälde, Joseph Karl Stieler, 1822.

Mit geschickter Güter-, Lehens- und Heiratspolitik haben sie sich ein solides Herrschaftsgebiet geschaffen. Zwei Wittelsbacher trugen die Kaiserkrone des Heiligen Römischen Reiches, einer wurde zum römisch-deutschen König gewählt, sie regierten in Schweden, in Dänemark und Norwegen oder Griechenland, trugen die Königskronen von Böhmen oder Ungarn. Ihre Töchter und Frauen waren Stammmütter herrschender Adelshäuser, waren Königinnen, Kurfürstinnen, Herzoginnen, Äbtissinnen. Selten wurden sie der Liebe wegen verheiratet, selten waren sie glücklich, aber manche schaffte es doch irgendwie. Die Wittelsbacher sind europäischer Hochadel vom Feinsten. Die herzogliche Linie ist bis heute blaublütiger reiner Adel, mehr als die Windsors, die Bourbonen, die Oranjes oder gar irgendeine skandinavische Adelsfamilie. Und falls nun jemand denkt, was schreibt die Autorin da so viel von Königs, Herzogs und Thronen: Sie schreibt davon, weil das bis heute ein Mosaiksteinchen ist im großen Bild der bayerischen Mythen. Und die Wittelsbacher sind trotzdem und vor allem einfach eine bayerische Familie. Es ist eine unvergleichliche Erfolgsgeschichte – welch anderer alte Adel Europas ist heute noch so eng mit seinem Land verbunden?

Die Wittelsbacher leben längst als Privatiers und Bürger, ohne Attitüde und Skandale. Glamour gibt es allenfalls durch brave Hochzeiten und wirtschaftliche Erfolge, die Tradition und Vision vorwärtstragen. Sie führen Brauereien in Kaltenberg und Tegernsee, Pferdegestüte und Jagd- und Waldreviere, der amtierende Chef des Hauses Franz von Bayern ist als grandioser Kunstsammler und Kunstmäzen anerkannt. Hat die Familie vor Jahrhunderten dem Land die Farben Weiß und Blau in die bayerische Fahne gegeben, so leben sie heute als anerkannte Bürger unterm weiß-blauen Himmel. Ihre Vorfahren sind noch immer im kollektiven bayerischen Gedächtnis. An manchen Gedenktagen, zum Beispiel am Todestag von König Ludwig II. (13. Juni 1886), mag man gar den Eindruck haben: Möglicherweise wollte gar keiner so recht, dass sie die Regentschaft niederlegten? Als in den Revolutionen 1918 die Monarchien abgeschafft wurden, als anderswo die Guillotine die gekrönten Häupter ausmerzte oder Revoluzzer die selbigen erschossen, wurde König Ludwig III. von Bayern mit den wohlwollenden Worten heimgeschickt: »Geh Majestät! Gengan S' hoam, wir machen Revolution und da heraus ists für Sie z'gfährlich.«

Die Wittelsbacher haben Bayern geprägt. Max I. Joseph gab dem Volk eine

Verfassung – der edle Bürgerkönig. Ludwig I. war der Mann der Schönheit, ihm verdankt München seine einmalige Architektur. Max II. prägte München als Wissenschaftsstandort. Ludwig II., der ewige Kini, schaffte es in die Unsterblichkeit. Nicht nur auf Souvenirs und Schokokugeln mit Konterfei, auch in Filmen, Musicals oder in den Herzen vieler Bayern bis heute. Und er verdient mit seinen irren Bauten Neuschwanstein, Linderhof oder Herrenchiemsee bis heute Millionen von Euros für sein Land. Der aktuelle Thronfolger, gäbe es denn noch einen Thron in Bayern, schaut aus, wie einem Gemälde seines berühmten Vorfahren König Ludwig II. entstiegen. Viele Mitglieder dieser Familie haben es in die Ewigkeit geschafft. Da gibts nicht nur den Märchenkönig und seine Schlösser, da gibt es zum Beispiel auch seine Cousine Sissi, die unglückliche Kaiserin Elisabeth von Österreich, in dieser Wittelsbacher Familie. Das Wirken der Herrscher wird bis heute dankbar beschrieben. Als Prinzregent Luitpold an der Macht war, war gar die »gute alte Zeit«, in der München leuchtete und Künstler wie Thomas Mann, Ludwig Thoma, Franz von Stuck oder Franz von Lenbach in fruchtbarer Kreativität sich entfalten konnten. Spätestens da ist's mit dem Mythos nur noch Märchen. Zensur und Spitzeltum regierten damals in München. Kulturbetrieb ging trotzdem, oft nur außerhalb von München, in den Künstlerkolonien. Die hießen damals noch nicht so, aber entstanden deswegen. Ludwig I. wurde wegen seiner Weibergeschichten vom Thron verjagt. Schönheit faszinierte ihn eben nicht nur in Form von Architektur. Insgesamt gesehen: Es gibt immer ein Für und ein Wider, doch der Mythos lebt, weil die Geschichte gut ist. Und immer wieder erzählt wird.

Zutaten für die Mythen Bayerns und den Mythos Bayern: Man inszeniert sich mit Theatralik und Humor

»Ich bin ja auch kein Mensch, ich bin ein Bayer«, lässt sich Karl Valentin zitieren, inzwischen selbst eine legendäre Figur mit Hang zum Mythos. Der Münchner Komiker, der Charlie Chaplin oder Buster Keaton in nichts nachstand, scheiterte nur an einem: Sein Lebenswerk fand keine Würdigung in der Zeit der NS-Diktatur. Er verhungerte und sein Können geriet viele Jahre in Vergessenheit. Doch Volkssänger und Komiker von damals haben etwas durchaus Schlitzohriges und Hinterkünftiges an sich. »Die Volkssänger waren in München die Popstars von gestern, ihre Kunst entsprang, wie der Blues, der Reggae oder der Rap, den Slums der Vorstadt. […] Sie waren kritisch, unverschämt, spitzfindig, brandaktuell und geniale Meister des dummen Schwanks.«[1]

Man mag aus dem vorher Gesagten interpretieren: Ein Franke ist ein Mensch, kein Bayer. Ein Komiker ist ein Bayer, aber das heißt nun nicht, dass alle Bayern Komiker sind. Dennoch darf man ihnen einen Hang zum Theatralischen und zum Selbstdarstellerischen attestieren. Passionsspiele und Drachenstich, Bauerntheater und Kir Royal, CSU und FC Bayern – es geht nicht einfach preußisch streng oder fränkisch schlau in Bayern zu. Es muss schon a gewisse Gaudi und ein bisserl eine Verbindlichkeit dabei sein. Was wäre Franz Josef Strauß ohne seine geistvolle Bildung anderes gewesen, als ein Poltergeist? Stellen Sie sich einmal den FCB ohne den formidablen Charakter von Uli Hoeneß vor! Wer wollte sich aufregen? Oder wie anders als Theater soll das Spiel der CSU sonst gewertet werden, immer gleichzeitig Regierung und Opposition in einem zu mimen?

Mit der Obrigkeit und der Renitenz ist das in Bayern nicht so einfach. Wenn Bayern unzufrieden sind, tendieren sie zum »massln«. Das Wort hat weder mit der Mass Bier noch mit Glück à la »masseltov« zu tun, sondern bedeutet einfach »herumnörgeln«. Wenn also einem Bayern etwas nicht passt, dann unterhält er sich mit anderen Gleichgesinnten darüber, am Stammtisch oder im Leserbriefbereich der Lokalzeitung. Das Lamentieren nimmt Fahrt auf, man steigert sich hinein. Es geht nicht darum, Kompromisse und Konsens zu finden, sondern es geht nur drum, den eigenen Grant rauszulassen. Den Grant gegen die unbequemen Aufgaben, die Mühe, sich auszutauschen, gegen »die da oben«, wer immer das ist. Am Ende des Gesprächs kommt es dann zur klassischen Übersprunghandlung: Die anderen haben Schuld und sollen das nun lösen – man selbst hat sich ja deutlich genug geäußert. Das Finale zeichnet dann der Satz: »Lassts ma doch mei Ruh, ös Deppen ös.« Ende der Renitenz. Bayern, das weiß doch jeder, gilt doch als Vorstufe zum Paradies. Das soll nicht unnötig gefährdet werden.

Im aktuellen Zeitgeschehen ist dann eben Alternativlosigkeit gegen die da oben in Berlin mit lautem Poltern zwischen Horst und Angela zementiert.

Aber hätte der Ingolstädter zur Brandenburgerin sagen sollen »Spatzl, schau wia i schau«? Also frei nach der Fernsehserie »Monaco Franze«, die inzwischen selbst Kult ist und einen Mythos vom ewigen Charmebruder und Stenz begründet hat? Und auch die Fernsehserie »Kir Royal«: Sie war nur für Nicht-Bayern Fiktion, wer in der Münchner Bussigesellschaft dabei war, kannte die Vorbilder in natura. Im Zeitalter der Eventisierung, die die einzige Abwechslung sein kann zu einem Alltag mit langweiligen, formatierten Leben, bietet das Bayernbild also die besten Voraussetzungen, sich als gute lebenslustige, ein bisserl anarchische Story zu verkaufen.

Eine idyllische Heimat-Story weltweit erzählt

»Ois Chicago in Bayern«, sagt darum Richard Loibl, Chef des Hauses der Bayerischen Geschichte, im Interview. Er bedient sich damit nicht nur des Ausspruchs von Tscharlie alias Günther Maria Halmer in den legendären »Münchner Gschichten« von Helmut Dietl, sondern er beschreibt, dass in Bayern die Welt noch in Ordnung ist. Und er beschreibt damit auch, dass von Chicago aus dieses liebenswürdige Bayernbild die Welt erobert hat. Denn es

Bayern wird fashionable …
Mitglieder des Schlierseer Bauerntheaters. Fotocollage, 1895.

Das »Ur«-Schlierseer Bauerntheater, in: Deutsche Illustrirte Zeitung, 1892.

waren die Schlierseer, die mit ihrem Bauerntheater bayerische Lebenskultur global unter die Leute gebracht haben. Den »Theaterern« ist es also zu verdanken, dass Bayern mit seinen Eigenheiten und seinem Selbstbewusstsein in der Welt das Image bekommen hat, das es heute noch hat. Laptop und Lederhose ist keine Wahlsloganerfindung aus Edmund Stoibers Zeiten. Das gab es schon viel, viel früher – und lässt sich aufs Jahr genau 1893 festmachen, in dem die Weltausstellung in Chicago stattfand.

Da hatte ein bayerischer Fabrikant die Flakscheinwerfer erfunden und vorgestellt – offenbar damals eine immense technische Erfindung. Gleichzeitig kam das junge Schlierseer Bauerntheater in die Stadt. In Chicago gab es damals das weltgrößte Theater, das Lincoln Theater. Die Schlierseer hatten es geschafft, dass eine Woche lang jede Vorstellung hier total ausverkauft war. Es ist also quasi den Schlierseern zu verdanken, die in Lederhosen und Dirndlgwand, heute die Hauptausstattung jedes Bayern, in Chicago den Bayern-Mythos globalisierten: »Die frischen, fröhlichen Stücke aus dem Oberbayerischen Volksleben brachten alle zum Lachen aus vollen Herzen und innerster Seele, die frische Naturfröhlichkeit und die Gutmüthigkeit der Menschen durfte da die Welt kennenlernen«[2], schwärmt die Chicagoer »Freie Presse« damals. Und später loben Historiker: »Die Spielfreude der Bayern ist groß und kann auf eine lange Tradition zurückschauen. Es ist nicht zuletzt die Volksschauspielkunst, die das Bild von Bayern nachhaltig mitgeprägt hat, wie etwa die legendären Aufführungen [...] 1892 begründeten ›Schlierseer Bauerntheaters‹, das es bis 1914 bereits auf 6650 Aufführungen brachte, von Schliersee bis Berlin, von Wien bis Chicago.«[3] Darum findet das Theater auch Eingang im neuen Haus der Bayerischen Geschichte: Schliersee steht vor der Skyline Chicagos. Ihren Weltruf haben sich die Bayern also von den Theaterern vom Alpenvorland in die Welt tragen lassen.

Bevor wir nun den verschiedenen Orten und ihren Helden einen Besuch abstatten, sei ein Ort noch besonders empfohlen: Fahren Sie nach Herrenchiemsee, dieser stillen Insel im Chiemsee. Hier ist die ganze Geschichte Bayerns auf kleinem Raum zusammengefasst. Sie können 1000-jährige europäische Klostergeschichte besuchen und sich auf dieser Königsinsel mit der prägenden Monarchie im Traumschloss von Ludwig II. unterhalten. Es ist auch der Ort, an dem sich Bayern zum Föderalismus des 20. Jahrhunderts bekannte und als »Verfassungsinsel« die Vorgeschichte des Grundgesetzes prägte. Heute herrscht dort im Sommer tagsüber der touristische Kommerz, abends aber steht das Leben still zum Wohl der Natur. Dann hört man beim Gang zum Ufer Grillen zirpen, Blätterrauschen und noch das eigene Herz schlagen, so ruhig wird es. Und vor allem im Winter scheint es ein wenig so zu sein, als würde das Eiland im Bayerischen Meer wissen, dass all das menschliche Tun Theater und irgendwann ohnehin nur noch eine Geschichte ist.

Insel Herrenchiemsee aus höherer Warte.

Zu Besuch beim Bayerischen Hiasl

Tot oder lebendig sei er der nächsten Behörde auszuliefern, heißt es in einem Steckbrief der bayerisch-kurfürstlichen Behörden vom November 1770. Mattheus (Matthias) Klostermair, vulgo der Bayerische Hiasl[4], wurde nur 35 Jahre alt. Angeblich diente sein Leben dem deutschen Nationaldichter Friedrich Schiller als Vorbild für seinen »Karl Moor« im Theaterstück »Die Räuber«. Gelebt hat er von 1736 bis 1771, sein Wirkungskreis lag zwischen Lech und Iller, im heutigen Bayerisch-Schwaben. Geboren wurde er als ältester Sohn eines Gemeindeviehhirten und dessen Frau. Sie waren arm, aber rechtschaffen, wie die Überlieferung behauptet, und lebten in Kissing. Das ist heute eine kleine Gemeinde an der Stadtgrenze zu Augsburg, im Landkreis Aichach-Friedberg.

Die ganze Gschicht

Bereits im Kindesalter faszinieren den Jungen Waffen. Hias, wie die Kurzform für Matthias lautet, soll schon im zarten Alter von elf Jahren gekonnt dem Wetterhahn der St. Stephanskirche in Kissing ein Auge in dessen Blechkopf geschossen haben. Mit 15 Jahren habe er sich wegen seiner Jagdleidenschaft eine alte Büchse gekauft, die er angeblich verwendet, bis er gefangen gesetzt wird. In frühem Alter habe er auch bereits den ersten Hirsch gewildert, musste aber seinen Eltern versprechen, es nicht wieder zu tun.

Wie so viele Bauernkinder armer Leute muss der Hias schon mit zwölf Jahren das Elternhaus verlassen und seinen Lebensunterhalt als Schweinehirt selbst verdienen. Aber seine Schießkunst hilft ihm und er darf mit 17 Jahren eine Ausbildung zum Jagdaufseher auf dem Landgut Mergenthau bei Augsburg beginnen. Dieses gehörte damals den Jesuiten. Alles läuft gut. Matthias ist ein ausgezeichneter Schütze, er erledigt alle Aufgaben bestens, bis an einem Tag der Gaul mit ihm durchgeht und er einen der Patres »derbleckt«. Der hatte aus Versehen statt eines Hasen einen Stubentiger erlegt und Hias tituliert ihn in einem Faschingsscherz als Katzenjäger. Postwendend verliert er seine Stelle. Es gibt allerdings auch Spekulationen, dass der Hias bereits damals schon mit dem Wildern begonnen habe und die Verunglimpfung nur als Vorwand von den Mönchen benutzt wurde, ihn loszuwerden. Er wird Oberknecht beim Kissinger Bauern Baumiller, beginnt ein Liebesverhältnis mit dessen Tochter Monika. Mit ihr wird er später auch einen Sohn haben. Doch der Vater ist gegen »so einen« und sieht das Techtelmechtel wohl gar nicht gern. Hiasl verlässt den Hof und geht heimlich zum Wildern. Der Zwangsrekrutierung der Soldatenwerber entgeht er mehrfach, indem er sich ins »ausländische Schwaben« flüchtet – hier erhält er darum auch den Beinamen »Bayerischer« Hiasl. Er schließt sich Wildererbanden an, gründet schließlich selbst seine Bande, die zeitweise aus 30 Mann besteht. Angeblich verteilt er das Raubgut unter Bedürftige. 1765 nimmt man ihn auf dem oberen Lechfeld gefangen – ein ehemaliges Bandenmitglied hatte ihn verraten – und macht ihm in München den Prozess. Das Urteil lautet auf neun Monate Zuchthaus. Der Weg ins kriminelle Milieu ist besiegelt.

In jener Zeit galt: »Wo ein Wilderer aufgefangen wird, derselbe ohne weitere Formalität eines Prozesses aufzuhängen ist.« Dieses Diktum entstammt dem sogenannten Ulmer Patent vom 22. Juni 1769. Dazu muss man wissen: Die Jägerei war nur den Adeligen vorbehalten. Bauern und einfache Untertanen durften nicht jagen. Das allerdings wäre für diese nicht nur eine Verbesserung ihres Speisezettels gewesen, denn somit wäre wenigstens etwas Fleisch zur Mehlpappsuppe zur Verfügung gestanden. Der Wildbestand gefährdete oftmals auch die Ernte. Zum einen, weil der Jagdherr durchaus mit seinen Treibjagden über die Felder zog und dabei zertrampelte, was mühsam ausgesät worden war. Zum anderen, weil die Felder ohne Schutz waren. Zwar wurden in früherer Zeit Dörfer mit einem Wall oder einem Zaun umgeben, die Felder lagen jedoch immer außerhalb. Das Wild konnte sich also auf den Äckern bestens bedienen. Männer wie Matthias Klostermayr, die sich aufs Wildern verlegten, waren daher für die Bauern eher Segen als Ärgernis. Der Bayerische Hiasl dürfte davon seinen »Heldenstatus« ableiten können.

Zunächst genießt der Hias auch die Gunst der Bauern und kleinen Leute. Man versteht sein Tun als Auflehnung gegen die Obrigkeit und als Hilfe gegen die Willkürherrschaft des Adels. Der fordert Lehenszins und Abgaben, die kaum zu leisten sind. Doch zum Wildern kommen beim Hiasl bald Raubüberfälle hinzu und letztlich das Kapitalverbrechen Mord. Das war immer schon, seit Kain und Abel, ein Verbrechen.

Nach der Zeit im Zuchthaus versucht die Familie den verlorenen Sohn wieder auf die rechte Spur zurückzuführen, er hat sogar Aussicht auf einen Posten als Jäger beim Kurfürsten. Nach Vermittlung von Hiasls Vetter, dem kurfürstlichen Medizinalrat und Leibarzt Dominikus Geyer aus Kissing, kommt von Kurfürst Max III. Joseph ein Angebot. Doch die alten Kumpane holen ihn zurück auf die schiefe Bahn. Die zweite Chance ist vertan.

Matthias Klostermayr wird radikaler. Es kommt zu heftigen Angriffen und wilden Kämpfen. 1768 wird er nordwestlich von Illertissen schwer verwundet, im Kloster Biberach (heute Baden-Württemberg) findet er Asyl und lässt sich dort gesund pflegen. Als er wieder auf den Beinen ist, zeigt er sich übermütig. Der Maler Lander aus Augsburg fertigt im Gögginger Wald ein Porträt von ihm an. Zusammen mit seinem Kumpan und vor allem seinen Hund Tyras. Um zu sehen, wie es gelungen ist, besucht der Hiasl maskiert die Herbstdult in Augsburg.

Doch es scheint gerade dies der Wendepunkt. Hochmut, Hoffart, Selbstverliebtsein: Er verliert die Gunst der Bauern. Hat er ursprünglich von ih-

2

Hinrichtung des Bayerischen Hiasl, in Dillingen, 1771, Kupferstich, J. G. Will, Augsburg.

nen Hilfe erfahren, haben sie ihn versteckt oder für ihn gelogen, so wird er am Ende mehrmals verraten und letztlich dadurch dingfest gemacht. Sein letztes Lebensjahr liest sich als Aufzählung von Attentaten: Angriff auf das Zuchthaus Buchloe, Sieg über eine Augsburger Streife am Pferseer Steg, Kampf bei der Nachkirchweih in Kellmünz mit zwei toten Soldaten und mehreren Verwundeten, Raubüberfall auf den Obervogt von Täfertingen mit 2102 Gulden Beute, äußerst grausame und tödliche Misshandlung des Amtsknechts von Agawang, Bedrohung des Klosters Obermedligen, Kampf in Oberelchingen, nordöstlich von Ulm, mit Ulmer Soldatenstreife mit fünf toten Soldaten, Beraubung von Jägern in ihren Häusern ...

Heute spräche man von einer Radikalisierung des Täters. Persönliche Verluste – Vertraute werden hingerichtet oder wechseln die Seiten, sein Hund Tyras wird erschossen – halten ihn nicht mehr ab, noch gewalttätiger vorzugehen.

In der territorial zersplitterten Region war die Flucht eines Täters in ein anderes Herrschaftsgebiet schnell möglich. Am Gatter der Landesgrenze der Ministaaterei waren die Gendarmen nicht mehr zuständig. Ende 1770 schließen sich die unterschiedlichen schwäbischen Herrscher zusammen. Eine eigene Kompanie Grenadiere, 300 Mann stark, wird entsandt, denn eine Wirtstocher hatte sein Versteck verraten. Unter Führung des Premiereleutnants Ferdinand Schedel umstellen sie am 14. Januar 1771 das Wirtshaus »Zur Post« in Osterzell im Allgäu. Nach einer vierstündigen Schießerei mit mehreren Toten wird der Bayerische Hiasl zusammen mit weiteren Bandenmitgliedern festgenommen und nach Dillingen an der Donau verbracht.

Einem Teil der Kumpane gelingt die Flucht. Die restlichen Räuber inklusive ihres Hauptmanns Matthias Klostermayr werden zum Tode verurteilt. »Nachdem man ihn erdrosselt hat, werden die Glieder mit dem Rad gebrochen und [...] gevierteilt. Die vier Teile wurden in Dillingen, Lamerdingen, Schwabmünchen und Klosterlechfeld öffentlich aufgesteckt.«[5] Und der Kopf auf den Galgen ausgestellt. Raue Zeiten damals. Seine letzten Worte sollen gewesen sein: »Dem Menschen ist es gesetzt zu sterben und auch von denen die mich gerichtet haben, wird in 50 Jahren gewiss keiner mehr am Leben sein.«

Die Rezeption

Der Tod des Bayerischen Hiasl zeigte kaum abschreckende Wirkung. Schon zu seinen Lebzeiten hatten sich erste Legenden gebildet, von einer Art bayerischer Robin Hood war die Rede. In Geschichten und Erzählungen um den Hiasl fokussierte sich die Unzufriedenheit der Menschen mit den sozialen Verhältnissen. Der Held hatte sich gegen die Obrigkeit und die ungerechten Lebensumstände aufgelehnt. Zu Recht! So glaubten die Leute damals. Das zeigen die Lieder und Gedichte über sein Leben. Schon kurz nach seiner Hinrichtung wurde ein Flugblatt mit den Zeilen veröffentlicht:

»Feyert, Schwaben, feyert ein Freudenfest
und dankt dem lieben Gott!
Der Hiasl, diese Wälder-Pest, ist endlich einmal tot.
Da wird sich's Wild vermehren und springa kreuzwohlauf,
und d'Bauern de wern ruefa, geh Hiasl, steh do auf.«[6]

Bayrisch-Hiasl-Lied

Das »Bayrisch-Hiasl-Lied« (entstanden um 1870/80) wurde über die Jahre zum Volkslied und wird bis heute gern gesungen. Es beweist die Ehrenhaftigkeit der Absichten des oreidigen Rebellen:

»I bin da boarisch Hiasl,
koa Jaga hot de Schneid,
der mia mei Feda und Gamsbart
vom Hiatl obakeit.

I bin da boarisch Hiasl,
koa Kugl geht ma ei,
drum fürcht i aa koan Jaga
und sollt's der Teufel sei!

Ich bin der Fürst der Wälder
und koana is mir gleich.
Soweit der Himme blau ist
so weit geht aa mei Reich.

Im Wald drauß is mei Hoamat,
im Wald drauß is as Lebn,
da schiaß i Reh und Hirschal
und Wuildsäu a danebn!

Das Wild auf weiter Erdn
ist freies Eigentum,
drum laß i mi net hindern,
der wer's net schiaßt waar dumm.

Es gibt koa schöners Lebn
wia i führ auf da Welt.
Die Bauern gebn ma z'essen
und wenn i's brauch a Geld!

Drum tua i d'Felder schützen
mit meine tapfern Leut.
Und wo i aa bloß hikimm,
oh mei da is a Freud!

Und kommt die letzte Stunde,
und schliaß i d'Augen zua,
Soldaten, Schergn, Jaga –
erst dann habt's enga Ruah.

Da werd si's Wild vermehren
und springa kreuzwohlauf.
und d'Bauern de wern betn:
Geh, Hiasl, steh doch auf!«[7]

1772, kurz nach seiner Hinrichtung, erscheint sogar ein anonymes Buch vom »Leben und Ende des berüchtigten Anführers einer Wildschützenbande«. Ziemlich viel Ehre für einen zum Tode verurteilten Wilddieb ...

Es ist der Beginn einer breiten Rezeptionsgeschichte. Stücke über den Bayerischen Hiasl werden von Theatergruppen aller Art aufgeführt. Theatervereine, Trachtenvereine oder Fördervereine entstehen, die seinen Namen und sein Andenken bewahren wollen. Später gibt es Hörspiele, Dokumentarfilme oder kleine museale Einrichtungen, die den Bayerischen Hiasl in der Erinnerung lebendig halten. Zurzeit soll in Augsburg in Zusammenarbeit mit dem Mediävisten der Universität Augsburg, Professor Klaus Wolf, und der Augsburger Volksbühne ein neues Theaterstück entstehen, das das Leben des Aufständischen dem heutigen Publikum nahe bringt.

Der »Historischen Förderverein Bayrischer Hiasl Kissing e.V.« hat es sich zur Aufgabe gemacht, das Leben und Wirken des Hiasls und die Geschichte Kissings für die Nachwelt zu erhalten. »Wir wollen, dass dieser ›Bayerische Robin Hood‹ nicht in Vergessenheit gerät«, sagt Reinhard Mayr, Mitglied im Vorstand des Vereins. Alljährlich initiieren sie mindestens eine Veranstaltung, die an den Rebellen erinnert. Mal ist es ein Fackelmarsch zum Kissinger Denkmal, mal ein Starkbierfest, bei dem der Politprominenz die Leviten gelesen werden.

Bis vor Kurzem unterhielt der Verein sogar ein eigenes Museum, das den Lebensweg des Bayerischen Hiasls nachzeichnete. »Wir wollen keine Gewalt verherrlichen, wir wollten aufzeigen, warum er so wurde, wie er war«, sagt Mayr. »Es waren schlechte Zeiten, die Bauern lebten in unglaublicher Armut, der Hiasl versuchte ihnen zu helfen.« Diese sozialen Missstände haben sie auch in ihrem Museum auf Gut Mergenthau dokumentiert. Dieses ist leider zurzeit geschlossen, da die bisherigen Räumlichkeiten nicht mehr zur Verfügung stehen. Aber das hält den Verein nicht ab, weiter an der Erinnerung an den Rebellen zu arbeiten. »Wenn ich den Hiasl treffen könnte«, sinniert Reinhard Mayr, »ich würde ihn fragen, ob sich das alles rentiert hat, ob er es wieder tun würde?« Wahrscheinlich schon. Denn Rebellen können selten anders als zu revoluzzern. Auch wenn es eben Kopf und Kragen kostet.

Bis etwa 1910 war der Bayerische Hiasl in Bayern in aller Munde. Erst dann wurde er allmählich vom Räuber Kneißl abgelöst und musste schließlich dem Jennerwein Girgl Platz machen.

Leben und Ende
des berüchtigten
Anführers
einer
Wildschützenbande,
Mathias Klostermayrs,
oder
des sogenannten
Bayerischen Hiesels,
aus
gerichtlichen Urkunden gezogen,
und
mit genau nach den Umständen jeder Begebenheit
gezeichneten Kupfern gezieret.

Augspurg, Frankfurt und Leipzig,
bey Jakob Andreas Friedrich. 1772.

Titelblatt und Frontispiz der Lebensbeschreibung des »Bayerischen Hiesels« von 1772.

Nachgfragt beim Bayerischen Hiasl

»Hab nix zum sagn, hab nix zum klagn. Bin da Bua vo redliche, brave Leit gwen und bin auf blöd gwordn was i gwen bin. A Depp. A echter Depp. Hoit a Hiasl. Da boarisch Hiasl.«

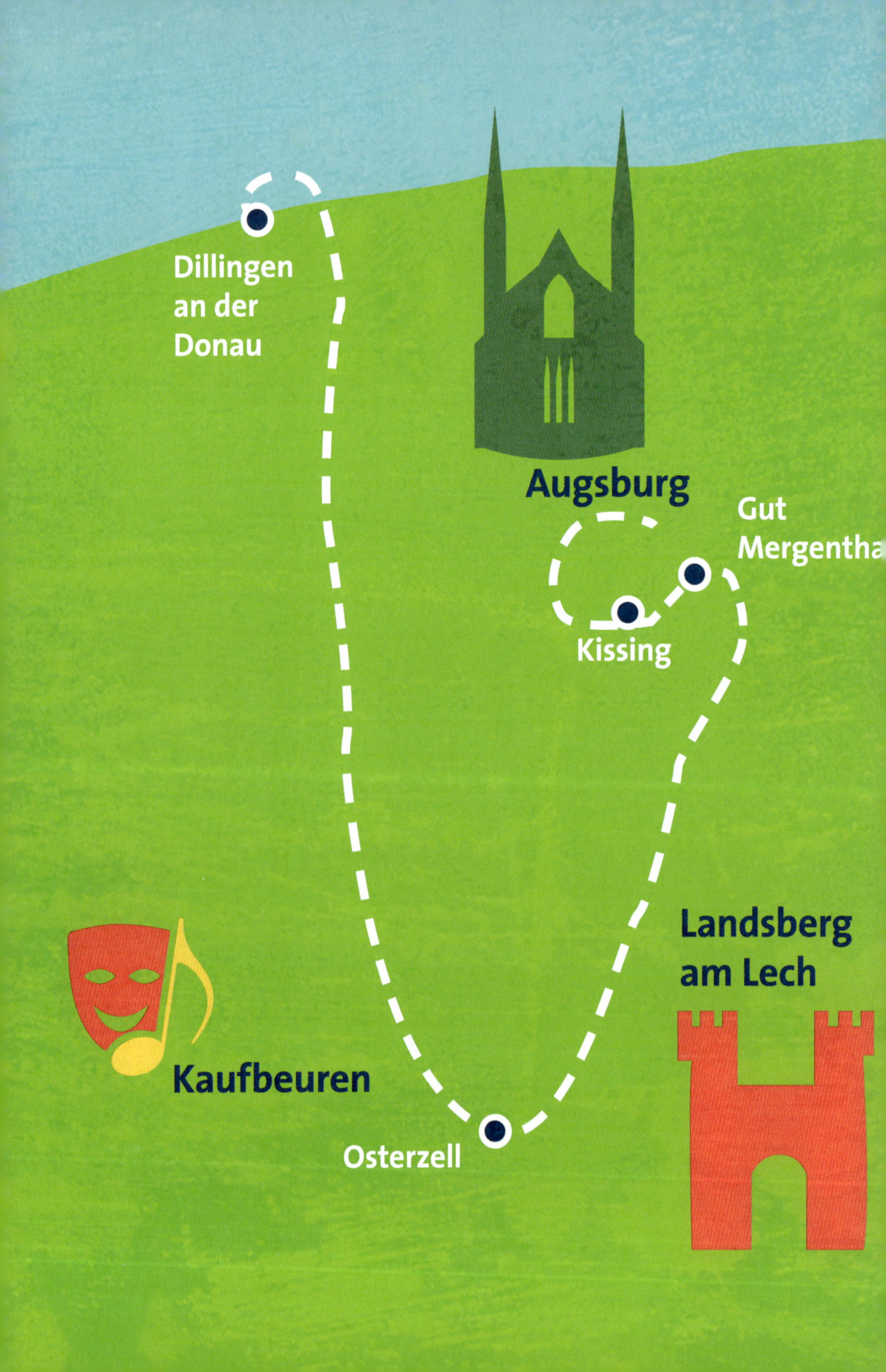

Dillingen an der Donau
Augsburg
Gut Mergentha
Kissing
Landsberg am Lech
Kaufbeuren
Osterzell

Ausflug 1

München

Kissing

In der Ortsmitte von Kissing steht das Denkmal des Bayerischen Hiasl. Das Monument wurde 1986 zum 250. Geburtstag des Rebellen aufgestellt. So manches Mal haben heimliche Bewunderer einen gewilderten Hasen am Denkmal abgelegt, wenn ein Gedenktag anstand. »Einmal war's sogar so, dass die Polizei mit zwei Wagen das Denkmal bewachte«, erzählt Barbara Kurz, die Schriftführerin des Fördervereins Bayerischer Hiasl. »Wir vom Vorstand waren dort und unterhielten uns mit den Beamten. Während wir noch redeten, wurde von einem Unbekannten wieder ein gewilderter Hase abgelegt.« Auch dieser »oreidige Hiasl-Verehrer« verschwand im Dunkel der Geschichte.

Mehr Informationen zum Bayerischen Hiasl:
www.hiasl-raeuber.de | www.bayerischer-hiasl.de

Das Hiasl-Denkmal in Kissing.

Von Kissing aus führt der »Hiasl-Weg« nach Gut Mergenthau. Es ist ein hübscher, ausgeschilderter Spazierweg am Flusslauf der Paar entlang, mit schönen Aussichtspunkten an Kapellen und Kirchen. Von der St. Stephanskirche eröffnet sich ein weiter, wunderbarer Blick aufs Lechtal.

St. Stephan steht auf einem Hügel über Kissing. Der Bau der ehemaligen Wehrkirche wurde 1723, wenige Jahre vor der Geburt von Matthias Klostermayr, so in seinen Abmessungen vollendet.

Gut Mergenthau (bei Kissing)

Nachdem Hiasl 1747, im Alter von elf Jahren, von der Schule abgehen musste, arbeitete er kurzzeitig als Aushilfe auf Gut Mergenthau. Er musste dann allerdings dem Vater beim Viehhüten helfen. Er half aber auch als Jagdbegleiter dem örtlichen Jäger, denn schießen, das konnte er exzellent. Als seine Mutter starb, trat Hiasl Anfang August 1753 auf Gut Mergenthau eine Stelle als Jagdgehilfe bei den Jesuiten an.

Lange Jahre widmete sich eine Ausstellung, die »Hiasl-Erlebniswelt«, dem Leben und den Untaten des berüchtigten Wilderers und Räuberhauptmanns. Das Museum stellte die Geschichte von Klostermayr von seiner Geburt im nahen Kissing bis zur Hinrichtung in Dillingen mithilfe von Originalstücken, Dioramen und Schaubildern dar. Da die Räumlichkeiten nun anderweitig genutzt werden sollen, ist die Ausstellung zurzeit eingelagert.

Dennoch ist ein Besuch auf Gut Mergenthau interessant. Es hat selbst eine bewegte Geschichte hinter sich. Historische Funde deuten auf eine Besiedelung bereits zwischen 1000 und 400 vor Christus hin. Scherben von Graburnen, die Klinge eines Opfermessers und weitere Gegenstände, die auf diese Zeit hindeuten, wurden hier gefunden. Ein auf dem Hügel errichteter Wachturm der Römer wurde während der Ungarnschlacht zerstört, danach bauten die Welfen dort eine Burg, die im Jahr 1185 Bischofssitz des Hochstifts Augsburg wurde. Auch diese Burg wurde zerstört. 1714 errichtete der Jesuitenorden die Gebäude des Landsitzes, wie es im Wesentlichen heute noch besteht. Nach der Säkularisation ging das Anwesen an die Vorfahren der heutigen Besitzerfamilie über. Diese betreibt unter anderem ein Forstwirtschaftsunternehmen, produziert Rollrasen und Christbäume und hat sich zu einem Veranstaltungsort gemausert. Die Gartentage und die Waldweihnacht sind regionale Anziehungspunkte.

Gut Mergenthau | Mergenthau 1 | 86438 Kissing | tel 08233 / 5414 | www.gut-mergenthau.de

Osterzell im Allgäu

Das ist der Ort, in dem der Bayerische Hiasl gefangen genommen wurde. Das Haus vom Gasthaus »Zur Post« steht noch, wird aber heute nicht mehr als Wirtschaft betrieben. Manchmal machen die heutigen Besitzer einen Frühschoppen in den alten Räumen, doch für die Öffentlichkeit erinnert nur noch die Schrifttafel an der Hausfassade an das Ereignis von 1771.

1876 wurde im Gasthaus »Zur Post« der Schützenverein Osterzells mit dem Namen »Schützenverein Bayer. Hiasl« gegründet. 1924 hat sich der Theaterverein »Bayr. Hiasl Osterzell e. V.« im Gasthof gegründet.

Viele Jahrzehnte lang diente die Wirtschaft als Bühne, 37 Theaterstücke wurden hier aufgeführt. Seit den 1980er-Jahren ist der Pfarrstadel offizieller Spielort. Alle zwei Jahre steckt das gesamte Dorf im Theaterfieber. Von den 600 Einwohnern ist ein großer Teil dann als Schauspieler unterwegs. Sie spielen Theaterstücke quer durchs Sortiment. »Aber immer auch mit Hintersinn«, sagt die 1. Vorsitzende des Theatervereins, Conny Groß. Das Traditionsstück »Der Bayrische Hiasl« haben sie selbst geschrieben und lassen es

Kissing: Diorama in der »Erlebniswelt Bayerischer Hiasl«, das die Festnahme der Räuberbande in Osterzell zeigt.

auch nur auf ihrer Bühne spielen. Es wurde mit 20 Aufführungen von rund 6500 Zuschauern bewundert. »Wir achten schon drauf, dass wir den Hiasl nicht nur als tollen Helden zeigen«, sagt die Vorsitzende. Die Szene in der Gefängniszelle ist ihnen immens wichtig, da kann man den Fall des Helden gut nachvollziehen. Es ist ihnen wichtig, wie man die Geschichte erzählt, Gewalt kann nicht die richtige Perspektive bieten. »Ich frage mich immer, wie es dazu kam«, sagt Conny Groß. »Der Hiasl hat wirklich erst Gutes im Sinn gehabt, aber irgendwann kam die Gier. Was nur war es, das ihn dazu antrieb?« 2024 wird es die nächste große Theateraufführung zum Bayerischen Hiasl geben.

www.theaterverein-osterzell.de | www.osterzell.de

Dillingen an der Donau

Im Ort seiner Hinrichtung gibt es keinerlei Hinweise auf das Leben beziehungsweise das Sterben des Matthias Klostermayrs. Dillingen hat allerdings eine reiche Geschichte, deren Bauten und Zeugnisse durchaus sehenswert sind. Im 15. Jahrhundert wurde Dillingen Residenzstadt und Regierungssitz des Hochstifts Augsburg. Es ist heute große Kreisstadt und Verwaltungssitz des gleichnamigen Landkreises im bayerischen Regierungsbezirk Schwaben.**ww.dillingen-donau.de**

Heinrich-Roth-Platz mit ehemaliger Universität in Dillingen an der Donau.

Zu Besuch beim Kneißl Mathias

Als 2014 eine Guillotine im Depot des Bayerischen Nationalmuseums gefunden wurde, ging der Name der bayerischen Henkersfamilie Reichhart wieder durch die Zeitungen. Man weiß mit großer Sicherheit, dass diese Tötungsmaschine des letzten bayerischen Henkers Arbeitsutensil war. Johann Reichhart (1893–1972) hatte über 3000 Menschen hingerichtet, darunter auch die Geschwister Hans und Sophie Scholl. Sein Beruf wurde ihm vom Onkel, Franz Xaver Reichhart, quasi vererbt. Dieser hatte 40 Jahre lang Dienst getan, war der einzige Scharfrichter mit Beamtenstatus. Er war es, der das Todesurteil des Räubers Kneißl vollstreckte, am 21. Februar 1902. Insgesamt vollzog er 58 Todesurteile im Laufe seines Berufslebens.

Henker war ein Beruf, der über Jahrhunderte hinweg als unehrenhaft galt und die Menschen, die ihn ausübten, als geächtet zeichnete. Ein Beruf, der erstmals 1276 im Stadtbuch von Augsburg erwähnt wird und erst mit der Einführung des Grundgesetzes im Jahr 1949 in Deutschland nicht mehr ausgeübt wurde.

Es gab kaum eine andere Chance, als das Familienerbe anzutreten. Wer wollte schon mit blutbehafteten Clans zu tun haben? Wer wollte schon mit Menschen zu tun haben, die als »aussätzig« galten? Solche moralischen Verurteilungen waren früher gang und gäbe. Nicht, dass sie heute ausgestorben wären, aber in der Zeit, als Mathias Kneißl lebte, waren sie von schicksalhafterer Auswirkung.

Vorsichtiger Ausgang mit zwei Krankenpflegern im Hof der Chirurgischen Klinik in München, 1901.

Die ganze Gschicht

Mathias Kneißl bezeichnete sich angeblich selbst als »der zweite bayerische Hiasl«. Damit würde er schon zu Lebzeiten versucht haben, sich – ganz im Sinne seines wildernden Vorgängers – zum Volkshelden und Sozialrebellen zu stilisieren. Aber genau ist das nicht zu belegen. Augenzeugen jener Zeit sind nicht mehr zu befragen und viele über ihn kursierende Informationen sind dem Mythos und seiner Heroisierung geschuldet. Kneißl ist, obwohl schon lange tot, in jedem Fall der lebendigste bayerische Räuber.

1875 wird er in Unterweikertshofen, im Landkreis Dachau, als das fünfte Kind von Mathias und Therese Kneißl geboren. Er ist das erste, das überlebt. Elfmal ist Therese schwanger, nur fünf der Kinder erreichen das Jugendalter. Seine Mutter stammt aus dem berühmt-berüchtigten Pascolini-Clan. Ihr Bruder Johann war über 40 Jahre ein gefürchteter Räuber, der viele Jahre im Zuchthaus saß, entfloh und von einem Kumpan angeschossen wurde. Sie selbst wird als ziemlich temperamentvoll geschildert: »Die ›Baschkalini-Res‹ war das, was man mit Augenzwinkern, teils anerkennend, teils warnend, einen ›schwarzen Teufel‹ nennt; ein hitziges Weibsbild mit stechendem Blick und ungehemmter Lebensart«.[8] Vor ihrem heftigen Temperament habe der Ehemann und Vater von Kneißl kapituliert. Zunächst führt das Ehepaar eine Gaststätte in Unterweikertshofen. Therese Kneißl wird als lebensfrohe Frau geschildert, der Jagdgewehr und Ziehharmonika lieber sind als der Kochlöffel. Die gesamte Familie, auch die Kinder, setzen aufs Wildern. Nicht immer sind sie selbst im Wald unterwegs, sie übernehmen auch gern von Wilderern das Fleisch und verkaufen es weiter. Dann zieht die Familie in die zwischen Sulzemoos und Altstetten gelegene »Schachenmühle«. Wie schon in Unterweikertshofen wird das Zuhause der Kneißls zum gern aufgesuchten Treff-

Geburtshaus von Mathias Kneißl in Unterweikertshofen: Gasthaus »Ober Wirt«, um 1910.

punkt von Kriminellen. War die Familie vorher übel beleumundet, so wird ihr Nimbus mit dem Umzug in die Mühle am Wald ein unheimlicher. Pfarrer und Lehrer drangsalieren die Kinder wegen ihrer Herkunft. Sie schwänzen immer wieder die Schule. Mathias Kneißl wird wegen der Fehlzeiten verdonnert, länger in die Schule gehen zu müssen als andere Kinder. 1891, als er 16 Jahre alt ist, muss er eine dreitätige Haftstrafe wegen Schuleschwänzens absitzen. Die Mühle bringt keinen Ertrag, schwarz geschossenes Wildbret verkaufen reicht nicht, um die Existenz zu sichern. Der Vater will mit einem Einbruch in die Wallfahrtskirche von Herrgottsruh in Friedberg bei Augsburg Geld beschaffen. Er kommt bei seiner Festnahme ums Leben. Die Mutter wird in München verhaftet, als sie Diebesgut verhökern möchte und muss wegen Hehlerei zwei Jahre ins Gefängnis. Der 17-jährige Mathias und sein zwei Jahre jüngerer Bruder Alois schlagen sich mit den Geschwistern (14, 13 und 1 Jahr) alleine durch. Keiner kümmert sich um die Kinder, bis der Pfarrer darauf besteht, dass die Gendarmerie sie zu Allerseelen in die Sonntagsschule holt. Es kommt zu einem Schusswechsel, zwei Gendarmen werden verletzt, Mathias und Alois werden zu mehreren Jahren Zuchthaus verurteilt. Alois stirbt nach vier Jahren im Gefängnis an Tuberkulose. Mathias lernt während seiner Haft das Schreinerhandwerk. Nach sieben Jahren ist er wieder auf freiem Fuß, darf aber nicht bei seiner Familie, die inzwischen in München lebt, wohnen, denn als Vorbestrafter hat er in der Stadt kein Aufenthaltsrecht. So geht er nach Nußdorf am Inn (Landkreis Rosenheim) und findet Arbeit in einer Schreinerei. Und wieder ist es das Gerede der »Gutmenschen«, das dem Kneißl ein ehrliches Leben kaputtmacht. Der Gendarm überprüft ihn öfter als nötig. Die anderen Gesellen in der Schreinerei wollen daraufhin nicht mehr mit ihm zusammenarbeiten. Obwohl sein Meister sehr zufrieden mit seiner Leistung ist, muss er ihn entlassen. Die Idee der Resozialisierung war damals noch völlig unbekannt.

Kneißl findet wegen seines schlechten Rufs keine neue Stelle mehr und lässt sich zu einem Überfall auf einen abgelegenen Bauernhof überreden. Er plant, mithilfe der Beute zusammen mit seiner Cousine und Geliebten Mathilde nach Amerika auszuwandern. Doch sein Komplize wird festgenommen und verpfeift ihn. Man setzt ein Kopfgeld von 400 Mark auf Kneißl aus. Er sucht Zuflucht bei einem ehemaligen Kumpan seines Vaters. Der gibt ihm zu essen, lädt ihn in sein Haus und alarmiert heimlich die

Gendarmerie. Kneißl schießt sich den Weg frei und trifft dabei den einen der Gendarmen am Bein, der verblutet. Der andere wird ebenfalls am Bein getroffen, nach der Amputation erliegt er einer Entzündung. Das Kopfgeld wird auf 1000 Mark erhöht.

Dann geschieht das, was man heute Medienhype oder Hysterie nennt: Die Zeitungen berichten über das erfolglose Bemühen der Polizei, den gesuchten Verbrecher zu verhaften. Prinzregent Luitpold lässt sich angeblich täglich berichten, wie der Stand der Ermittlungen ist. Es entstehen Schnaderhüpfln, Flugblätter mit Spottgedichten auf die erfolglose Obrigkeit. Der »Simplicissimus«, das Satireblatt der Zeit, unterschreibt eine Zeichnung von Eduard Thöny mit »Wenn der Kneißl a Majestätsbeleidigung beganga hätt', nacha hätten s' ihn g'wiß gleich derwischt.«[9]

Zeichnung von Eduard Thöny: »Wenn der Kneißl a Majestätsbeleidigung beganga hätt', nacha hätten s' ihn g'wiß gleich derwischt.« In: »Simplicissimus«, Illustrierte Wochenschrift, 5. Jh., Nr. 41, 31.12.1900.

Mit diesem Medien-Rummel beginnt sich das Bild des Räubers Kneißl zu ändern: Hatte er vorher einen üblen Leumund in der Bevölkerung, und lehnten ihn die kleinen Bauern, Tagelöhner und Handwerker als Outlaw – so würde man heute sagen – und schlechten Menschen ab, so schlagen ihm, dem Ausgegrenzten, jetzt die Sympathien der gleichen Leute entgegen. Jetzt ist er einer aus ihrer Mitte, einer, der der ungeliebten Obrigkeit immer wieder ein Schnippchen zu schlagen versteht.

Lustig war so ein Räuberleben mit Sicherheit nicht. 2002 findet sich ein Teil der lange verschollenen Gerichtsakten des Augsburger Prozesses bei einer Familie wieder. Darin schildert Kneißl seine Flucht von Irchenbrunn bis zu seiner Ergreifung in Geisenhofen. Er ist teilweise zu Fuß, teilweise per Fahrrad und mit der Eisenbahn durch das Dachauer und Aichacher Land unterwegs. Dann findet er in Bruck (heute Fürstenfeldbruck) beim Brunnenmacher Franz Hofer, dem »Parasolbauern«, Unterschlupf. In den Akten finden

Das zerschossene »Auermacher«-Anwesen bei Egenhofen nach der Erstürmung am 5. März 1901.

sich auch Postkarten, die Kneißl nach seiner Festnahme erhielt. »Die Stammtischgesellschaft ›Die Jochgeier‹ zum Beispiel schickte einen Gruß aus Innsbruck, und vom ›Kneißel-Verein Waldhofen‹ kam der fromme Wunsch nach baldiger Genesung.«[10] Kneißl selbst sah sich auch während des Prozesses als Opfer, der aus der Mitte der Gesellschaft vertrieben worden war.

Zum großen Showdown kam es am 5. März 1901, als man Kneißl endlich über seine Freundin aufspürt: Er hatte sich im »Aumacher«-Anwesen in Geisenhofen (Landkreis Fürstenfeldbruck) versteckt. Die Gendarmerie belagert den Hof einen Tag und eine Nacht, ehe sie mit 45 Mann das Haus stürmt. Kneißl war unbewaffnet und lag von mehreren Schüssen lebensgefährlich getroffen hinterm Kamin. Mit der letzten Ölung versehen, wurde er von Nannhofen nach München gebracht. Eine Operation rettete ihm das Leben. So konnte am 14. November 1901 in Augsburg der Prozess gegen ihn beginnen, der mit dem Todesurteil endet.

Das Urteil: eine juristisch korrekte Ungerechtigkeit

Therese Kneißl, Kneißls Mutter, hatte vergebens versucht, den Leichnam ihres Sohnes nach seiner Hinrichtung in Augsburg auf den Münchner Friedhof zu überführen. Mathias Kneißl wäre gerne neben seiner Schwester Katharina zur letzten Ruhe gebettet worden. Doch zu jener Zeit war es üblich, den Leichnam von Verbrechern dem Staat zu überlassen, damit anatomische Studien vorgenommen werden konnten. Therese gelang es, Kneißls Leichnam für damals 60 Mark von den Behörden freizukaufen und am Augsburger Friedhof zu bestatten. Es ging »nur« der Kopf von Kneißl in die Münchner Anatomie. Im Zweiten Weltkrieg wurde diese bei einem Bombenangriff zerstört; seitdem gilt das kriminalbiologische Forschungsmodell als verschollen.

Die Beerdigung des Mathias Kneißl führte noch einmal zu Tumulten. Schaulustige stürmten den Friedhof, der Flecklbauer machte ein letztes Mal Geld mit seinen Kneißl-Postkarten, die Pressemeute wurde von der Polizei in Schach gehalten. Verwandte schirmten Therese Kneißl ab. Doch die, erfüllt von Wut über Ungerechtigkeit, schrie am offenen Grab auf des Pfarrers Worte der Gerechtigkeit sei Genüge getan: »Ja, der Ungerechtigkeit! Umbracht habts ihn, ös Justizmörder!«[11]

Die Hinrichtung war wohl durchaus Ergebnis eines korrekten Verfahrens. Aber die Anklage wegen Mordes sei nicht nötig gewesen. Der Münchner Rechtshistoriker Hans-Georg Hermann hatte für einen Ausstellungkatalog im Bauernhofmuseum Jexhof das Augsburger Todesurteil juristisch bewertet.[12]

Die Anklage wegen Mordes sei nicht nötig gewesen, führt er aus. Vielmehr wäre eine Anklage wegen Körperverletzung mit Todesfolge in Frage gekommen. Darauf hätte nicht die Todesstrafe, sondern Zuchthaus gestanden. Entscheidend war, ob das Verbrechen »mit Überlegung ausgeführt« wurde. Kneißl widersprach dem. Für ihn und gegen eine vorsätzliche Tötung spricht, dass die Beine der beiden Polizisten getroffen wurden. Dem professionellen Schützen wäre ein gezielter Schuss auf den Oberkörper vermutlich nicht zweimal daneben gegangen. Mit der Anklageerhebung auf Mord nimmt das Verfahren seinen Lauf. Die Geschworenen des Gerichts können kaum anders, als Mathias Kneißl schuldig zu sprechen. Selbst der vorsitzende Richter Anton Rebholz hat so große Zweifel an dem Urteil, dass er um Gnade bittet. Die Geschworenen seien »einem Irrtum unterlegen«, schreibt er am 7. Januar 1902 in einem Antrag auf Begnadigung. Rebholz' Antrag scheiterte an höchster Stelle, direkt beim Prinzregenten. »Zuagricht, hergricht, higricht«, kommentiert der Volksmund das Vorgehen der Behörden.

Die Rezeption

Schon zu Zeiten, als noch nach Mathias Kneißl gesucht wird, müssen die ersten Gstanzl und Moritaten entstanden sein. Der »Amperbote« berichtete: »Noch immer kommen müßige Leute, um den Ort der Gefangennahme des berühmten Räubers Kneißl zu bewundern. Jeder will auch eine Erinnerung mit nach Hause nehmen, sei es eine verschossene Kugel oder ein von Geschossen zersplittertes Stück Holz.«[13]

Der legendäre Volksmusiksammler, der Kiem Pauli, vertont in den 1920er-Jahren das Kneißl-Lied. Die Strophen konnte angeblich jedes Kind auswendig. Georg Ringsgwandl verfasst 1993 eine Ballade. Es entstehen mehrere Romane, Theaterfassungen und Filme. Der bekannteste dürfte heute die Verfilmung durch Markus H. Rosenmüller sein. 2008 entstand der Film mit Maximilian Brückner in der Hauptrolle. Maria Furtwängler spielt die Pascolini-Therese und Brigitte Hobmeier die Kneißl-Freundin Mathilde.

Mit jeder künstlerischen Bearbeitung wurden und werden wieder mahnende Stimmen laut: Es sei ein verpfuschtes Leben, das der Mathias Kneißl gelebt hatte und es tauge nicht als Vorbild. Als die verschollenen Akten des Augsburger Prozesses 2002 gefunden wurden, zog sie der leitende Oberstaatsanwalt Reinhard Nemetz von der Staatsanwaltschaft Augsburg sofort ein. Sie lagern heute im Staatsarchiv. Sein Urteil lautete: »Er war mitnichten ein moderner Robin Hood, sondern ein Schwerstverbrecher, der sich nicht zur Legendenbildung eignet.«[14]

Weit gefehlt! Denn mit hinterkünftigen Aussagen hat sich Kneißl in den Wortschatz und in die Herzen der Bayern geschlichen. So soll er bei Verkündung des Urteils an einem Montag gesagt haben: »Die Woch fang ja scho guat o« und wenn's heute einem mal nur mäßig geht in seinem Leben kann er schon auf die Frage wie es ihm gehe die Antwort geben: »Net so guat ois wia am Kneißl und den ham s' köpft.«

Freilich gibts derweil auch schon das passende Outfit unter www.wilderer-shop.de, wo man auch einen Wilderer Blog findet und allerlei Interessantes und Literarisches zum Thema »Wildern«.

Räuber Kneißl
BRAUEREI MAISACH
Räuber Kneißl

Nachgfragt beim Kneißl Mathias

»I sag nix. Gar nix. Mei ganz Elend war, dass alle immer was über mi und mei Familie gsagt ham. D'Leit redn gern, scho allaweil. Dabei richtns vui bös Bluat damit o. Und mi ham s' zgrund gricht. Na, i mog net. I mog net no amoi des ois ausredn. Des sagt doch gnua, dass i da oanzige Foi bin, den da Prinzregent in dem Jahr vom Todesurteil NET begnadigt hat.

Ja, sog! Na, wennst grad a so vehement nachfragst ...

D'Muatta is d'Baschkalini-Res gwen. Da ham se d'Leit des erste Moi as Maul zerrissn. Mei Onkel is a böser Räuberheld gwen. Oana, dem des Lebn nix goiltn hat. Aber der is schon dod gwen, bevor i überhaupts auf d'Welt kemma bin.

Denerscht hat man da Muatta ihra Herkunft vorghoitn. A Italienerin, a hitzige, ausm Land vo de Katzlmacher warat s' gwesen. Der Großvatter is aus Venezien gwen – und das hat damois zu Österreich gheart! Vui vo dene venezianischen Maurer san zum Großvatter seiner Zeit ins Dachauer Hinterland kemma und ham do Ziegl brennt. De san koane Ausländer gwen! Da Großvatter hat doch aa was aufbaut! Aber des Gred hat ja nia net aufgheart. Neamnds hat gwusst, was bei ins dahoam gwen is, aber a jeda hat sei Meinung drüber gsagt.

D'Muatta is a Guade gwen. De hat sich halt nix gfalln lassn, hat gschaut, dass mia Kinda überhaupts aufwachsen ham kenna. Elfe hats es Leben gschenkt. Zwoa san ihra am Schluss bliebn. I hab ihra vui Briaf gschriebn aus da Haft, damit sie sich net so alloans fürkimmt. Unser Unglück is as Dachauer Bezirksamt gwen.

Der Herr Bezirksamtmann Heinrich Flasser is a richtige Drecksau gwen. Der hätt spater an strammen Nazi obgebn, er is bloß seiner Zeit voraus gwen. Des is net grod alloa mei Meinung – das is was, wo spater alle zuagebn ham. Euer Dichter, der Herr Rechtsanwalt Ludwig Thoma, hat den Hammel selbst hautnah miterlebt. Im »Andreas Vöst« hat er 'n enk beschriebn. Der hat »eine menschenverachtende Grundhaltung«, so san sich spater alle einig gwen.

Es is net so, dass mia net aa vui dumms Zeug ogricht haben. Da Vatter hat sich halt nimmer nausgsehgn, unsere Mäuler zum stopfen. De Schachermühl hat nix obgworfn: da Boden nass und feicht, schlechter Acker. Der Herr Baron hat uns koane Aufträg gebn, d'Bauern koa Getreide. D'Muatta hat dann hitzig mitdo. Und da Alois is halt gar a so a Hitzkopf gwen. Aber was er do hat, hat er spata zuagebn. Nur mir ham s' ois, was er do hat, oghängt. Da Gendarm Windisch hat in seinem Bericht vui gschriebn, hat gwusst, dass i net dabei gewen bin oder dass da Aloise gschossn hat. Aber weil da Alois in da Haft gstorbn is, hams es mia oghängt.

Den Satz »Eisparrn lass i mi nimmer, lieber derschiaß i alle«, hat er doch plärrt! Und hat greaht.

Da Alois hat aa zuagebn, dass da Gößwein nur vo eahm angschossen wordn is, des ham die aber am Gricht mia aufghängt, weil i aa im Haus gwen bin. I hab aber gar koa Schiaßeisen net ghabt! I hätt dem Gößwein Hausl doch nix do, der is doch immer a Freund vo mir und am Vatter gwen! Des is da oanzige gwen, der menschlich gwen is. Und da Schwester, da Kathl, warat i doch aa nia mit ara Drohung kemma. Sie hat doch ois do, damit ma wos zum Essen ham, wia d'Muatta eigsessen is! Und da sag i wieda: Wo is denn des Amt gwen? Des Amt hat d'Muatta vom Schreck Sepp aa no eigsperrt, weil s uns gholfen hat und gkocht hat. Aber dafür a Schafei gschlacht hat, des am Baron ghört hat. Das Amt is kemma, wenn i net in d'Schui ganga bin, weil i dahoam gholfen hab. Das Amt is net kemma, wia's mein Vatter daschlagn ham, d'Muatta eigsessen is und mir fünf Kinder alloa in da Mühln gwen san. Des Kloanste is grad amoi a Jahr oid gwen! Und dann hams unser Haus gnomma, die Gemeinde hats gkauft mitm Geld vom Baron, ham alles abgrissn und abtragn und uns nix mehr glassn. D'Muatta is in Haushalt mit de zwoa Jüngsten ganga, Kathi, de kreuzbrave Seel, ist gstorbn. I hob net nach München dürfen. Und gscheert hats koan was am Amt.

Na! Jetzt fragst aber nimmer vui! Jetzt werst staad, gell! Ja, so war des.

I hob koa Chance net ghabt. Zletzt in Nussdorf, da wars no amoi ganga, aber wo das »Geschäft gefährdet ist, hört die Toleranz auf«, hams gsagt. Drum hat mei Moasta da net weiterhelfen kenna. Da wars Bezirksamt von Dachau dann rührig, da hat man dann glei den Gendarmerieposten informiert, bsonders wachsam auf den gemeingefährlichen Räuber zum sei, der grad aus da Haft entlassen gwen is. Und der Herr Gendarm hat freili net nur wachsam gschwiegn, sondern glei gratscht und denunziert im Wirtshaus. Is er aa amoi wichtig gwen!

Ich bin mitm Radl unterwegs gwen. Vo München auf Nussdorf is a guade Streck – guad fünf Stund radelst da hi. I hab extrig den Weg über Miesbach gnomma, weil da Gößwein Hausl sich da als Pensionist zurückzogn hat. I wollt eahm Abbitte leistn. Wollt hoffen, dass a net völlig vergrämt und enttäuscht vo mir denkt. Aber der hat mi bloß ogschaut und si wegdraht. Is koa Wort net möglich gwen.

Vielleicht, so denk i heut, vielleicht hats eahm wenigstens an Trost gebn, dass i dann am Schafott glandet bin. Es duad ma so leid um eahm. Er hat allaweil gschaut auf mi. Und i bin mitm Bruada ins Elend grauscht. Des was danach kemma is, war ... mei: a Hetz. A Fetzngaudi für die Herrn Verleger. Die ham Artikel gschriebn, bös und reißerisch. Der »Amperbote« vo Dachau is arg gwen – der Verleger Herr Mondrion is gemeingefährlich gwen – und untertänisch. Wenn er bei der Regierung net weiterkemma is, hat er sei Wut rausgschriebn und an Menschen ausglassn, de nix mit eahm z'toa ghabt ham. Da bin i grad recht kemma. Der »Simplicissius« hat die Obrigkeit mit mir verhöhnt. Und de Postkarten san a Gaudi gwen fürs Volk. I bin aufamoi a Held gwen – und des, wo s' vorher koa guads Haar an mir glassn ham. So draht se d'Meinung im Volk, a jeder redt mit, wo er nix woaß. Reißt as Maul auf, um sich wichti z'macha. Reden, ohne Menschlichkeit, weils Gred wichtiger is ois wia da Mensch.

Wenigstens is koa recht strenger Winter im letzten Lebensjahr gwen. I hab mitm Radl flüchtn kenna. 26 Jahre habts mi oid wearn lassen. De hoibe Zeit habts mi ausgricht, verleumdet und schlecht gmacht. Und jetzt frag i di! Is des heit anders wordn?«

Aichach
Augsburg
Erdwe
Unterweikertshofen
Sulzemoo:
Maisach

Ausflug 2

Das Leben des Räubers Kneißl spielte sich im Gebiet zwischen München und Augsburg ab, genauer gesagt im Dreieck Dachau – Aichach – Fürstenfeldbruck. In der Gegend gibt es reiche Kultur. Es ist altes Stammland der Wittelsbacher. Die Familie von Scheyern hatte dort ihre Gründe und in Aichach liegen gleich zwei Objekte, die für die Wittelsbacher von Bedeutung sind: Burg Wittelsbach und das Schloss Unterwittelsbach. Die Burg, der ursprüngliche Stammsitz, wurde 1209 zerstört. Es steht aber bis heute an dieser Stelle eine Kirche, aus der heraus sich die Gemeinde Oberwittelsbach entwickelte. Das Schloss gehörte einst Herzog Max, dem Vater von »Sisi«. Die Stadt Aichach hat es gekauft und darin ein Sisi-Museum eingerichtet.
Von hier ist es übrigens auch nicht weit nach Kissing, dem Ort, an dem der Bayerische Hiasl wirkte.

Es soll »bald« einen »Räuber-Kneißl-Radweg« geben. Geplant ist ein überregionaler Radweg auf verschiedenen Routen, finanziert wird er durch EU-Gelder. Die verschiedenen Gemeinderäte müssen dem Vorhaben allerdings erst noch zustimmen und nicht überall trifft man auf so viel Verständnis wie in der Gemeinde Maisach. Man diskutiert: Ist es richtig, einem oreidigen Banditen einen Radlweg zu widmen? Ende 2018 war man noch nicht zu einem regionalen Plan gekommen.

www.wittelsbacherland.de | www.aichach.de/Freizeit/Rad-und-Wanderwege

Unterweikertshofen

Der Geburtsort des Mathias Kneißl gehört heute zur Gemeinde Erdweg im Landkreis Dachau. Der hübsche kleine Ort hat ein bezauberndes Hofmarkschloss. 1126 erstmals urkundlich erwähnt, wird es 1616 im Renaissancestil umgebaut. Seit 1799 sitzen hier die Grafen von Hundt zu Lautterbach. Das Schloss wird zumeist privat genutzt, aber für Jubiläen oder Hochzeiten können einige Räumlichkeiten angemietet werden. Der jährliche Christkindlmarkt lockt mit weihnachtlich geschmückten Ställen und über 30 Ständen mit Kunsthandwerk von Unterweikertshofener Handwerkern und Freizeitkünstlern. Das alles vor der romantsichen Kulisse des Gräflich von Hundt'schen Schloss.

Gräflich von Hundt'sch Forstverwaltung KG | von Hundtstraße 1 | 85253 Erdweg
tel 0 81 35 / 6 10 | www.schloss-unterweikertshofen.de

Schloss Unterweikertshofen von oben.

Auch Sankt Gabinus, die Kirche des Dörfchens, ist interessant. 1606 erbaut, 1910 das letzte Mal erweitert. Sie lässt sich übrigens auch perfekt im Internet besuchen – da ist eine ausführliche Kirchenführung hinterlegt. Man nimmt an, dass Mathias Kneißl hier getauft wurde. Das Gasthaus, in dem er geboren wurde, steht hingegen nicht mehr. Es wurde Ende des 20. Jahrhunderts abgerissen. Mit dem legendären Räuber hat man offenbar nur noch wenig am Hut: Es gibt eine Kneißl-Bühne Unterweikertshofen e. V. Ihr Repertoire zeigt die gesamte bunte Bandbreite einer Volksbühne. Es gibt auch einen FC Bayern-Fanclub mit dem Namen des Räubers – so ist es jeden Falls der Gemeinde-Website zu entnehmen. Letzterer scheint eingeschlafen, denn auf der facebook-Seite sind die letzten Einträge mehrere Jahre alt.

Filialkirche St. Gabinus | St.-Gabinus-Weg 8 | 85253 Erdweg | http://kirchenundkapellen.de/kirchenpz/unterweikertshofen.php

»Wirtshaus am Erdweg«.

St. Gabinus in Erdweg, die vermutliche Taufkirche des Räubers Kneißl.

Neben dem Schloss gibt es in der Ortsmitte von Erdweg aber auch noch ein imposantes Gasthaus, dessen Besuch lohnt. Das denkmalgeschützte alte Gemäuer – Quellen erwähnen die Tafernwirtschaft bereits im 15. Jahrhundert – wurde bestens saniert und lädt nun neben Speis und Trank auch zu Kulturveranstaltungen ein. Von hier aus kann man sich auf den Spuren des Räuber Kneißls auf den Weg nach Weikertshofen machen. Ein schöner Rad- und Fußweg neben der Straße führt dorthin.

Wirtshaus am Erdweg | Hauptstraße 14 | 85253 Erdweg | tel 08138 / 6684242
www.wirtshaus-am-erdweg.de

Sulzemoos

Die »Schachenmühle« würde inzwischen zur Gemeinde Sulzemoos gehören. Früher lag sie zwischen Sulzemoos und Altstetten am Steindlbach etwa 1000 Meter südlich von Altstetten; heute ist hier ein Waldschüppel mit dem ehemaligen Mühlenteich zu sehen. Das Mühlanwesen wechselte mehrmals den Besitzer, bis es am 1. Dezember 1892 von der politischen Gemeinde Sulzemoos erworben wurde. Diese verkaufte am 12. Dezember 1892 das Inventar des Anwesens und ließ dann die Gebäude abbrechen. Also zu der Zeit, als Kneißl seine erste Strafe absitzen musste, der Vater tot und die Mutter im Gefängnis war.

In »Walters Weblog« ist eine feine Wegbeschreibung für einen Wanderausflug von Erdweg nach Sulzemoos zu finden:

https://wawimuc.blogspot.com/2015/06/erdweg-nach-sulzemoos-und-wieder-zuruck.html

Landschaft um Sulzemoos.

Maisach

Der Ort im Landkreis Fürstenfeldbruck hat sich dank seiner Traditionsbrauerei schon früh zum Räuber Kneißl bekannt: Ein Dunkles und ein dunkles Weißbier benannte die Brauerei Maisach nach ihm. »Aus echtem Schrot und reifem Korn« ist es »besonders würzig, charismatisch und schmeckt verwegen gut. Ein Bier für Helden!«, kündigt man an. Ein guter Marketing-Gag und ein ordentlich gutes Bier. Im Räuber-Kneißl-Biergarten des »Bräustüberls Maisach« oder in der gerade frisch renovierten, hellen und urgemütlichen Gaststube mit Kachelofen lässt sich selbiges bestens verkosten. Der Wirt bietet eine gschmackige Speisekarte und im Räuber-Kneißl-Keller gibt es sogar ein Räuber-Kneißl-Museum. Es wird behauptet, dass hier seine Originalwaffen gezeigt werden und sein Radl, mit dem er unterwegs war. Auch ist ein Regenschirm zu sehen, den Mathias Kneißl bei seiner Flucht im Wirtshaus in Oberschweinbach vergessen haben soll. An den Wänden erzählen Fotos und Dokumente von der Geschichte des oreidigen Banditen und bayerischen Volkshelden aus dem Dachauer Land. Allerdings war Kneißl wohl nur

Biergarten des »Bräustüberl Maisach«.

auf der Flucht hier vorbeigekommen, als er sich in Bruck beim Parasolbauern aufhielt. Es gab in dieser Zeit einen Überfall auf der Chaussee nach Maisach, der ihm auch angelastet werden sollte. Kneißl bestritt aber, daran beteiligt gewesen zu sein.

Bräustüberl Maisach | Hauptstraße 24 | 82216 Maisach | tel 081 / 4194210
www.wirtshaus-maisach.de

Sollte es jemals eine Einigung zwischen den Kommunen der »Westallianz« um München geben, wird der Räuber-Kneißl-Radweg durch Maisach führen. Die Gemeinde hat ihre Hausaufgaben gemacht und mehrere hübsche Raststationen ausgewiesen. Es gibt dort nicht nur reichlich Biergeschichten, sondern auch eine mit Wein. Seit dem 16. Jahrhundert wurde hier Weinbau betrieben. In Maisach bestand um 1490 sogar eine eigene Weinwirtschaft. Der Weinberg bietet Ausblick aufs hübsche Umland.

www.brauerei-maisach.de | www.maisach.de

Das Kneißl-Museum im Keller des »Bräustüberl Maisach«.

Zu Besuch bei der Geierwally

Eigentlich ist sie eine Tirolerin, die Geierwally. Sie ist wohl die berühmteste der wenigen Frauen, die es zu einem eigenen Mythos gebracht haben. Ein bisserl ist's bei ihr so wie mit der Isar. Der Fluss, der durch die Landeshauptstadt fließt, ist ja auch eigentlich eine Tirolerin, wird aber als bayerischste aller bayerischen Lebensadern verkauft. Die Geierwally kommt ursprünglich aus dem Tiroler Lechtal in den Ammergauer Alpen und hatte in Anna Stainer-Knittel ein ganz lebendig-reales Vorbild. Durch den Roman von Wilhelmine von Hillern wurde sie verewigt und zur Kultfigur. Die Geierwally ist eine ungezähmte, wilde Natur. Eine, die ihre eigene Meinung hat und Arbeiten perfekt erledigt, für die so manches Mannsbild nicht genug Mumm hat. Eine Frau mit eigenem Kopf. Und die will trotzdem Liebe. Ganz schön oreidig, so etwas. Kein Wunder, dass die Männer im Hiller'schen Roman mit so einer Frau nicht umgehen können.

Die ganze Gschicht

Eine starke Frau, ein wilder Jäger, ein herrischer Vater und ein intriganter Nebenbuhler verstricken sich in Liebe, Eifersucht, Gier und Stolz miteinander. Das Ende der Geschichte im Roman der Wilhelmine von Hillern ist gewaltig happy: Die Liebenden finden zusammen und auch wenn Wally und Joseph früh sterben, weil »die Stürme, die an ihnen gerüttelt, [...] die Wurzeln ihres Lebens gelockert« haben, »aber ihr Name lebt fort und wird gepriesen, so weit und so lang die Ache rauscht«.[15]

Aber von vorne:

Wallburga, genannt Wally, ist die schöne Tochter vom reichen Bauern Stromminger. Sie ist sein einziges Kind, ihre Mutter bereits verstorben. Weil's an einem männlichen Hoferben mangelt, tut sie sich besonders hervor. »Wo es was Gefährliches zu vollbringen gab, da war von Kindheit auf die Wally dabei gewesen und hatte die Buben beschämt. Schon als Kind war sie wild und ungestüm, wild und ungestüm wie die jungen Stiere des Vaters, die sie bändigte. Als sie kaum 14 Jahre alt war, hatte ein Bauer an einer schroffen Felswand das Nest eines Lämmergeiers mit einem Jungen entdeckt. Aber keiner im Dorf mochte es wagen, das Nest auszunehmen. Da erklärte der Höchstbauer zum Hohn für die mannhafte Jugend des Orts, er werde es seiner Wallburg tun lassen. Und richtig, die Wally war dazu bereit zum Entsetzen der Weiber und zum Verdruß der Buabn.«[16]

Ihr Vorhaben gelingt. Sie erwehrt sich der Angriffe des Lämmergeiers und verletzt ihn tödlich. Den Junggeier lässt sie bei der dramatischen Aktion nicht fallen, sondern nimmt ihn mit hinunter vom Berg: »Wally aber kam mit dem Kleinen im Arm, das sie um keinen Preis losgelassen hätte, blutend und mit vom Fels zerschundenen Gesicht oben an. ›Aber Wally‹, schrien ihr die Leute entgegen, 'warum hast denn das Junge nit fahren g'lasst, dann wärst ja den Geier losge'west!' 'O', sagt sie einfach, 'das arm Dierl kann ja noch nit fliegen, wenn I's los g'lasst hätt', wär's in den Abgrund g'stürzt und hätt sich zu Tod g'fallen'.«[17]

Der Text zeigt schon hier: Die Wally hat Charakter, ist tapfer und zur Empathie fähig. Der Geier wird ihr Haustier, ihr Freund und Trost in der herzlosen Dorfgemeinschaft und dann der Isolation. Sie schlägt sich tapfer durch, behält ihren Willen, aber das sind keine Eigenschaften, die sie liebenswert machen. »Ach wissen S', i mag so Madeln nit – die halbe Buaben sind«[18], sagt man über sie.

Wallys heimliche Liebe gehört dem Bärenjoseph. Der hatte einen Bären erlegt, dem die andren Burschen im Dorf vergebens nachgestellt haben. Da hören die andren bewunderungsvoll zu, was über ihn erzählt wird, wie ihm kein Berg zu steil und kein Weg zu weit und keine Kluft zu breit und keine Gefahr zu groß sei.

Die Wally wird im Verlauf der Geschichte »verfolgt wie ein reißendes Thier, und zum reißenden Thier war auch Wally geworden«.[19] Sie überwirft sich mit ihrem Vater, der sie bei aller gnadenlosen Härte seiner Erziehungsmethoden nur zu mehr Streit und Abwehr herausfordert. Es kommt zu einer fürchterlichen Auseinandersetzung und Wally bleibt für lange Zeit ausgesperrt und isoliert, lebt alleine auf einer Hütte oben in den Bergen.

Als der Vater stirbt, kehrt sie zurück und übernimmt den Hof. Sie führt ein straffes Regiment, macht ihre Sache gut, verteidigt ihren treuen Knecht. Nur die Liebe quält sie. Der Bärenjoseph ignoriert sie, führt sie vor, macht sie mit einer anderen eifersüchtig. Es dauert, bis er ihr auch seine Liebe gesteht, bis er zu erkennen gibt, dass die andere einfach seine Schwester ist. Dazwischen schlaumeiern und intrigieren die andren Anwärter, die sie berechnend oder beschwörend erobern wollen. Zuletzt dann kommt die »Gnadenbotschaft des irdischen Glücks«[20], Wally und Joseph finden zusammen.

Die Geierwally: ein Evergreen der Liebesliteratur

Die Geierwally könnte einfach eine Variante des alten Themas »Der widerspenstigen Zähmung« sein. Wobei die Zähmung im Originaltext niemanden gelingt. Die Wally ist nicht Geschöpf eines Lehrers, der ihr Anstand beibringt, sie ist nicht Kreatur eines schlägernden Vaters, einer Ausbildung oder Dressur des Bärenjosephs. Es ist quasi die Gnade der erwiderten Liebe, die es schafft, Wally auch liebevoll zu machen. Das ist wohl gemeint mit der Aussage Wilhelmine von Hillerns »Gnadenbotschaft«. Hat der Hass, die Ablehnung, der Kampf immer nur in noch mehr Hass, Ablehnung und Kampf geführt, erweicht die Liebe recht unmittelbar die Herzen zu freundlichem, freudvollen Miteinander. So kitschig das klingt, so archaisch einfach ist's. Nur die Liebe zählt.

Das gilt auch für die Männerfiguren. Welcher's nicht schnallt und meint, nur mit tollem Auftreten, schlauen Versprechen oder strategischen Spielchen ans Ziel zu kommen, scheitert. Das gilt auch für den Bärenjoseph. Sein ganzes Rumhelden hilft nix, erst als er die Hosen runterlässt und ehrlich zu seinen Gefühlen steht, ist ein erfülltes Leben möglich. So weit, so einfach. Der Mythos der Geierwally ist im Kern eine Geschichte der Liebe, keine Story der Beherrschung des einen über den anderen.

Selbstporträt von Anna Stainer-Knittel in Lechtaler Tracht.

Die Gschicht hinter der Gschicht

Die Geierwally wird zwar bald 145 Jahre alt, aber sie erfindet sich immer wieder in neuer Frische. So, wie es einer starken Frau eben gemäß ist. Mal ist sie Heldin der Berge, mal verwilderte Frau, mal Vollweib oder versponnenes Weibsstück. In den 1950er-Jahren des deutschen Wirtschaftwunderlands ist sie eine mit viel Gefühl, in den schrillen 1990er-Jahren mutiert sie zum schrägen Alpengirlie und um die Milleniumswende flieht sie in die Almhütte zur deprimierenden Selbstfindung. Was allerdings mehr als dumm ist, denn was will Frau einen Willen irgendwo finden und ausleben, wenn keiner da ist, an dem sie sich erproben kann?

2019 wäre ihr historisches Vorbild, die Anna Stainer-Knittel (1841–1915) von der Elbingenalp im Tiroler Lechtal, 178 Jahre alt geworden. Nun darf man sich unter der historischen Figur nicht einfach einen Heidi-Wildfang aus den Tiroler Bergen vorstellen. Anna ist eigentlich als Porträt- und Blumenmalerin bekannt geworden. Aber der Ruhm stammt aus der Zeit ihrer »ungewöhnlichen Tat«: Als 17-jähriges Mädel hatte sich Anna Knittel bewährt, als sie als einzige im Dorf bereit gewesen war, einen Adlerhorst in einer Felswand auszunehmen. Eine damals übliche Praxis, damit die Adler nicht die Lämmer der Schafherden raubten. Im Jahr davor hatte es ein Unglück gegeben, warum sich keiner der Burschen mehr dazu bereit fand. Knittel schildert in ihren eigenen Aufzeichnungen die Kletterpartie längst nicht so dramatisch, wie sie später dargestellt wurde. Sie hatte Hilfe, wurde von oben abgeseilt, packte das Adlerjunge in ihren Rucksack und stieg am Seil wieder die Felswand hinauf.

Danach geht Anna nach München. Sie will an der Akademie der Bildenden Künste Malerei studieren. Auch wenn sich das vielleicht als überraschender Sprung in der Biografie liest, so kam ihr Wunsch nicht von ungefähr: Anna hatte schon als Kind Zeichentalent gezeigt. Ihr Großonkel war der berühmte Maler Johann Anton Koch (1768–1839) und Johann Anton Falger (1791–1876), vom großen Goethe höchstselbst gelobt für sein Tun als Lithograf, Maler und Heimatforscher, fördert das Mädel. Der Vater gibt nach. Da Frauen damals aber noch nicht zum Studium an der Akademie zugelassen sind, besucht sie ab 1859 deren private »Vorschule«. »Zu ihren männlichen Kollegen zählten Franz von Defregger, Franz von Lenbach, Hans Makart und Wilhelm Leibl.«[21]

Vier Jahre später holt Anna noch einmal aus dem Adlerhorst einen jungen Raubvogel, wovon der bayerische Reiseschriftsteller Ludwig Steub (1812–1888) erfährt. Dieses Erlebnis verarbeitet er literarisch in einer Erzählung.

Ein Münchner Maler, der Anna kennt, illustriert sie. Weil ihr das Bild einfach nicht gefällt, entwirft sie ein eigenes. Sie schreibt: »Dies verunglückte Adlerbild von Schmid beschäftigt mich immer wieder in Gedanken. Warum hat er's nicht mit dem Gesicht des Mädchens gegen den Beschauer aufgefasst? Ich setzte mich hin und zeichnete wie ich es meinte, dass man es hätte machen sollen. Die Idee gefiel mir immer besser und so entstand dann mein großes Adler-Gemälde [...].«[22] Dieses Bild wird später die Aufmerksamkeit der Schriftstellerin Wilhelmine von Hillern erregen ...

Die Geierwally. Titelbild von Mathias Schmid zur Erzählung »Das Annele im Adlerhorst« von Ludwig Steub, Leipzig 1863.

Anna Stainer-Knittel: Alpenblumen, 1912.

Die echte Anna war also für jene Zeit in mehrfacher Hinsicht ungewöhnlich: Sie war ein Bauernmädel und Jägerstochter, die ihre Arbeit tat. Sie erstritt sich den Weg, den sie gehen wollte und eroberte sich ihren Platz zur Ausbildung an einer Kunstschule. Und, sie lebte, wie es ihr gefiel, heiratete den Mann, den sie wollte, nicht den, den der Vater ihr zuteilen mochte. Sie eröffnet sogar mehr als emanzipiert für ihre Zeit eine »Zeichen- und Malschule für Damen«, die sie bis ins hohe Alter leitet. Kurzum: Sie macht sich die Welt widdewidde wie sie ihr gefällt. Ganz wie Pippi Langstrumpf und, das ganz ohne Aufhebens, recht emanzipiert zu einer Zeit, als noch keiner wusste, was das sein soll.

Die Autorin Wilhelmine von Hillern

Anna Stainer-Knittel lebt nach ihrer Heirat mit ihrem Mann in Innsbruck, wo dieser als Souvenirhändler und Gipsformer einen Laden betreibt. Sie stellt ihr Adlerbild im Geschäft aus. Wilhelmine von Hillern, inzwischen als Redakteurin der Illustrierten »Die Gartenlaube« unterwegs, interessiert sich dafür, erfährt dabei die Geschichte und hat ihre Story. Für ihren Roman verlegt sie den Ort des Geschehens vom Lechtal in die touristisch bekannteren Ötztaler Alpen und nennt die Protagonistin Wally. Sie übertreibt bei der Heldentat und strickt dann eine Herz-Schmerz-Schnulze drum herum. Vielleicht, so mag man spekulieren, aus eigener biografischer Verzweiflung?! Da riskiert ein Bauernmädel ihr Leben für einen Adler und wurscht ist es ihr auch noch, was die Leute sagen – so etwas muss einer Frau von Hillern als Faszinosum erscheinen.

Wilhelmine von Hillern (1836–1916) stammt aus einer Theaterfamilie. Ihre Mutter ist die berühmte Schauspielerin und Schriftstellerin Charlotte Birch-Pfeiffer, ihr Vater Dramaturg. Wilhelmine tritt in die Fußstapfen der Eltern, debütiert am Gothaer Hoftheater als Julia. Sie beginnt ein Verhältnis mit dem 19 Jahre älteren Hofgerichtsrat und Theaterkritiker Hermann von Hillern.

Adolf Neumann: Wilhelmine von Hillern als junge Frau, o.J.

Als ein Kind unterwegs ist, heiraten sie. Damit die Schande der vorehelichen Freuden nicht auffliegt, geht Wilhelmine nach Berlin und bringt dort heimlich das Kind zur Welt. Aber dem nicht genug. Damit nichts getratscht werden kann, soll das Baby auch nicht zu sehr gepäppelt werden. Es soll aussehen wie eine Frühgeburt. Der Junge wird bewusst unterernährt und schwach gehalten. Er stirbt. Der Tod ihres ersten Kindes bleibt ein Trauma, das sie vor allem im Spätwerk mit religiösen Themen versucht aufzuarbeiten. Das Ehepaar Hillern zieht nach Freiburg im Breisgau. Er macht dort Karriere als Landgerichtspräsident. Sie bekommt noch drei Töchter mit ihm. Aber mit ihrer Schauspielerkarriere ist es vorbei. Sie beginnt zu schreiben. 1865 erscheint ihr erster Roman »Doppelleben«. Ihr Roman »Aus eigener Kraft« wird 1870 in das populäre Familienblatt »Die Gartenlaube« aufgenommen und macht von Hillern einem breiteren Leserkreis bekannt. Mit »Die Geyer-Wally. Eine Geschichte aus den Tyroler Alpen« gelingt ihr schließlich der Durchbruch als Bestsellerautorin. Nach dem Tod ihres Mannes 1882 zieht Wilhelmine von Hillern zu ihrer Tochter nach Oberammergau. Dort baut sie sich ein kleines »Schlössl« und führt ein anspruchsvolles gesellschaftliches Leben.

1904 konvertiert sie im Kloster Ettal zum katholischen Glauben. Sie versucht, sich bei den Passionsspielen in Oberammergau einzubringen, das führt jedoch zu Streitigkeiten. Letztlich verlässt sie Oberammergau. Erst hat sie noch in Tutzing am Starnberger See eine Wohnung, dann geht sie nach Aschau im Chiemgau. 1911 zieht sie in das heutige »Haus Elisabeth« der Familie Cramer-Klett, wo sie die letzten fünf Jahre ihres Lebens verbringt. Kurz nach ihrem Tod lässt ihr Ludwig Benedikt von Cramer-Klett ein Denkmal in Form eines Bildstocks mit einer Gedenktafel an der Zellerhornstraße 66 errichten.[23]

Mit ihrem Werk gehört Wilhelmine von Hillern in die Reihe der Autoren des »Illustrierten Familienblatts« der »Gartenlaube«, die dem Heimatroman zu einer ersten Blüte verhelfen. Erst nach ihr treiben es Autoren wie Ludwig Ganghofer (1855–1920) oder Ludwig Thoma (1867–1921) mit solcherlei Erzählungen zu einem veritablen Genre der Unterhaltung.

Die Rezeption

Die Geschichte der Geierwally erscheint 1875 erstmals als Fortsetzungsroman in der Zeitung »Deutsche Rundschau«. Kurz darauf wird das Werk in Buchfassung veröffentlicht und – nach Ende des Deutsch-Französischen Krieges – sogar in Frankreich bei la Hachette. 1881 verfasst die Autorin selbst die erste Theaterversion. Selbst der Preuße Theodor Fontane ist begeistert: »Effekt über Effekt. Ich wurde der Stunden lang gefesselt.«[24] Er glaubt allerdings, dass der Stoff nicht zum Mythos taugt, sondern sein Ruhm bald verglühen wird. 1921 folgt die erste Verfilmung des Romans. Henny Porten (1890–1960) übernimmt die Rolle. Sie ist zu Produktionsbeginn schon ein angesehener Stummfilmstar und war vor allem als Werbeträgerin für Kriegsanleihen im Ersten Weltkrieg berühmt geworden. 1940 wird die »Geier-Wally« mit Heidemarie Hatheyer und Eduard Köck verfilmt. Die Hatheyer (1918–1990) avanciert mit dieser Verfilmung zum Star der UFA-Zeit und legt den Grundstein für die Heimatfilmro-

Hillern-Marterl mit Soldaten und Krankenschwester, um 1918.

Filmplakat zur Verfilmung des Geierwally-Stoffs 1956 mit Barbara Rütting und Carl Möhner in den Hauptrollen, Regie: Frantifiek Čáp.

mantik der 1950er- und 1960er-Jahre: »Die Alpentragödie ›Die Geierwally‹ (1940) stellte nur drei Jahre nach ihrem Debüt den größten Erfolg ihrer Karriere dar und ließ Hatheyer endgültig in die Riege der deutschen Filmstars aufsteigen. [...] Das Image des rebellischen und derben deutschen ›Madels‹ haftete zeitlebens an ihr und beschränkte sie laut eigenen Aussagen in der Auswahl künftiger Rollenangebote.«[25]

Darüber können die nächsten Hauptdarstellerinnen nicht klagen. Für sie ist die Wally eine Art Karrierebooster. Barbara Rütting, heute eher als Öko-Autorin und Politikerin bekannt, startet 1956 mit der »Geierwally« durch. Der Heimatfilm, heute nur noch Seelentröster für Couch-Potatoes, wird ein Megaseller. 1988 kommt eine Filmkomödie auf den Markt, mit dabei das spätere Superweib Veronica Ferres. Der Film ist eine Mixtur aus Trash und Slapstick und soll das Genre Heimatfilm aufs Korn nehmen. 2005 dann gibt es die Geierwally als Vollweib mit Christine Neubauer in der Hauptrolle. Zum Mythos der »starken Frau der Berge« ist die Wally also vor allem durch den Film geworden.

Die Geierwally wird gefeiert, nicht nur im Film, auch auf der Bühne, als Musical, als Oper, als Kabarett. »La Wally« als Oper von Alfredo Catalini, wurde 1892 in Turin unter Leitung von Arturo Toscanini auf die Bühne gebracht. Das Kölner »Theater in der Filmdose« hat Komiker wie Dirk Bach und Hella von Sinnen bekannt gemacht. Auch mit der Persiflage auf die Geierwally. Der Autor Walter »Wally« Bockmayer hatte Dirk Bach die schrille Komödie 1988 auf den Leib geschrieben. Das Stück war ein Jux und sollte nur eine Woche laufen, schließlich wurden es 330 Vorstellungen.

Felix Mitterer schreibt im Jahr 1993 eine Bühnenfassung der »Geierwally«, die ein Sensationserfolg auf der Geierwally-Freilichtbühne in Elbigenalp (Bezirk Reutte in Tirol) mit fast 40 000 Zuschauern wird. Der preisgekrönte österreichische Autor mixt den Roman von Wilhelmine von Hillern und die Wirklichkeit, bezieht das reale Vorbild, das Leben der Kunstmalerin Anna Stainer-Knittel (1841–1915), mit ein. Seine Story ist die Tragödie von verdrängten Gefühlen einer jungen Frau. Einer, die es dem Vater beweisen muss.

Claudia Lang-Forcher schreibt 2007 dann »Die wahre Geierwally«. Sie rekonstruiert in ihrem Stück das Leben jener Anna Stainer-Knittel anhand ihrer Tagebuchaufzeichnungen.

Open-Air-Theater mit dem Stück die »Geierwally« in Oberammergau, Sommer 2017.

An der Münchner Volksbühne inszeniert 2002 Christian Stückl die »Geierwally« mit Brigitte Hobmeier in der Hauptrolle. Ihre Wally ist eine Stille, in sich Gekehrte, sie wirkt verletzlich. Wird eben darum zur eigensinnigen, seltsam verhärmten Frau. Die Mannsbilder drum rum haben es (noch) nicht kapiert, um was es geht in einer Beziehung.

2017 kommt das Stück wieder auf die Bühne des Volkstheaters, in seiner Sommerspielvariante auf der Freilichtbühne von Oberammergau. Inszeniert wird es von Christian Stückls Regienachwuchs Abdullah Karacas. Die Wally tobt, trotzt und fühlt. Sie hält sich die Kerle vom Leib. Aber sie muss mehr kämpfen, um das Gleiche zu erreichen, was sich die Männer in der Geschichte einfach holen. Das Bühnenbild und die Ausstattung sind gewollt modern, führen zu Debatten bei Besuchern, die das Stück traditioneller sehen wollen. Es gibt auch kein Happy End. Wäre das heutzutage zu unangebracht und kitschig? Der Mensch muss zerrissen und gebrochen

dargestellt sein. Obwohl der Bärenjoseph die Liebe erwidert, scheitert ihr Glück. Er wird gemeuchelt. Man könnte frei nach Shakespeare sagen: Liebe tut zwar, was Liebe irgend kann, aber sie darf nicht sein.

Die Geierwally zeigt sich als ewige Geschichte, die je nach Zeitgeist interpretiert wird, aber immer im Kern der Frage folgt, wie viel Eigenliebe einer Frau nötig ist und wie viel sie dann der Liebe leben darf. Aber vielleicht ist auch die Aussage der Zeit heute geschuldet. Auf jeden Fall ist die Geierwally im Vergleich zu anderen mythischen Stoffen Bayerns so ein trutzig-trotziger Dauerbrenner, weil sie den Menschen nachdenken und doch erheben lässt über den Alltag, während die Heldin auf die Reise geht. Eine Märtyrergeschichte wie die von der Agnes Bernauer (1410–1435) ist deshalb nicht so zeitgemäß, weil die edle Dame sich einfach ziemlich dämlich in der Donau bei Straubing hat entsorgen lassen, statt ihren Kampf um Eigenbestimmung und um ihre Liebe auszufechten. Frauen sind keine Opfer mehr.

Nachgfragt bei der Wally

»Koa Mythos bin i mehr in enkanen Erzählungen. A Kitschfigur habts ihr aus mir gmacht. A kraxelnde Berggoaß, a Heidi-Girlie, a depressives Weiwi – oder gar a Tschändermaid. Oreidig seids IHR, es, die mi a so beleidigen tuats!

Oiwei erwartet oana, dass i ›streitbar‹ sei sollt. Is an Willen ham und dafür mit Disziplin sei Recht nehma streitn? Was hat se denn gändert seit damois? Streitn muaß a Frau immer no für ihren Willen. Leistn muaß a Frau immer no mehra ois wia a Mo und wenns as tuat, dann kriagans an Spundus de Herren. ›A soicherne hat Haar auf de Zähn‹, hoaßts dann. Da san de Tschaperl dann doch liaba. De as Mei hoitn und eahm an Herrn sei lassn.

Die Anna hätts euch a so vui guat vorgmacht. Malerin hat s' werdn wolln, de Nanno. So ham ma s' nämlich dahoam gnennt. Nachand is auf Minga ganga. Eisenfest im Lernen, eisenfest im Bravsein, eisenfest in allem und jedem, aso hat se sich ihr Ausbildung derarbat. Die 35 Kilometer bis Reutte is z' Fuaß ganga, bis Füssen mitm Einspännerl und da Stellwagn hat s' bis Oberstdorf bracht, von da is weitaganga auf Minga mitm Zug. 1859 war des. Heit kamatn s' net amoi bis zum Kindergarten ohne Auto, des ER zoit. Aber redn vo Emanzipation. Was is na des? Hats des braucht? Da denkts amal drüber nach! Sie und er san gleichauf und mitanand stark. Wannst des woaßt, dann brauchts koan Streit.

Aber zruck zur Anna: Wias gspannt hat, dass des mitm Moin a Salär für sie bringt, is net oben im Lechtal zhaus bliebn, sondern hat si in Innsbruck a Gschäft aufbaut. Da is ihr dann de Liab zum Engelbert dazwischen kemma. Den Gatten, den Gipsformator Engelbert Stainer, hats gegen den Willen vom Vata gheiratet. Weil der is dagegn gwesen, weil da Engelbrt doch scho a uneheliches Kind ghabt hat, für des er hat aufkemma miaßn. Da Vata hat den reichsten Burschen von Flirsch als Hochzeiter organisiert. Und 's Nanno sagt: ›Weil er reich is, is er recht, weil meiner arm is, is er nit recht. Vater welch Verirrung.‹ ›Zu Kreuz kriechen‹, empfahl die Mutter, ›und rearn‹, dann war da Vata wieder guat. ›Ins Elend heirate sie ein‹, hats gheißen. Aber 's Nanno hat sich zur Liab bekannt, net zum Versorgtsein. Der Engelbert hat sie immer bestärkt, hat sie bewundert für ihr Können. Da ist sie über sich nausgwachsn. Die Landschafts- und Blumenbilder ham ihr die Touristen aus de Händ grissen. Die Großkopferten und Wichtigen hats porträtiert, an Erzherzog Karl Ludwig, den Feldmarschall Radetzky und sogar seine kaiserliche Hoheit Franz Joseph I. Freili, können hat s' was, genau wia de Mannsbilder, die an der Münchner Akademie glernt ham. 1873 ham s' ihr Ölbild ›Alpenblumenkranz‹ auf der Wiener Weltausstellung zoagt. Für 40 Pfund Sterling[26] is nach England verkaft wordn. Aber bis heut kennens ihre Bildl net, die das

Leben vo dera Zeit so echt festghaltn ham. An Defregger schaugt a jeder als edls Hoamatbildl an, ihre Buidl waratn nur Volkskunst. Oiso, was hat se gändert?

Habts ihr nix glernt? Machts eich immer no selber kloa, es Weiberleit! Und wenn oane vo eich a bisserl mehra leichtn tuat, na blast ihr de ander glei mitm schlechtn Gredt as Liacht aus. Aber mei. Da san de Mannsbuida a net bessa. Dabei hätts es heit sogar scho schriftlich und vo ganz obn: Mann und Frau sind gleich.«

Ausflug 3

Tirol

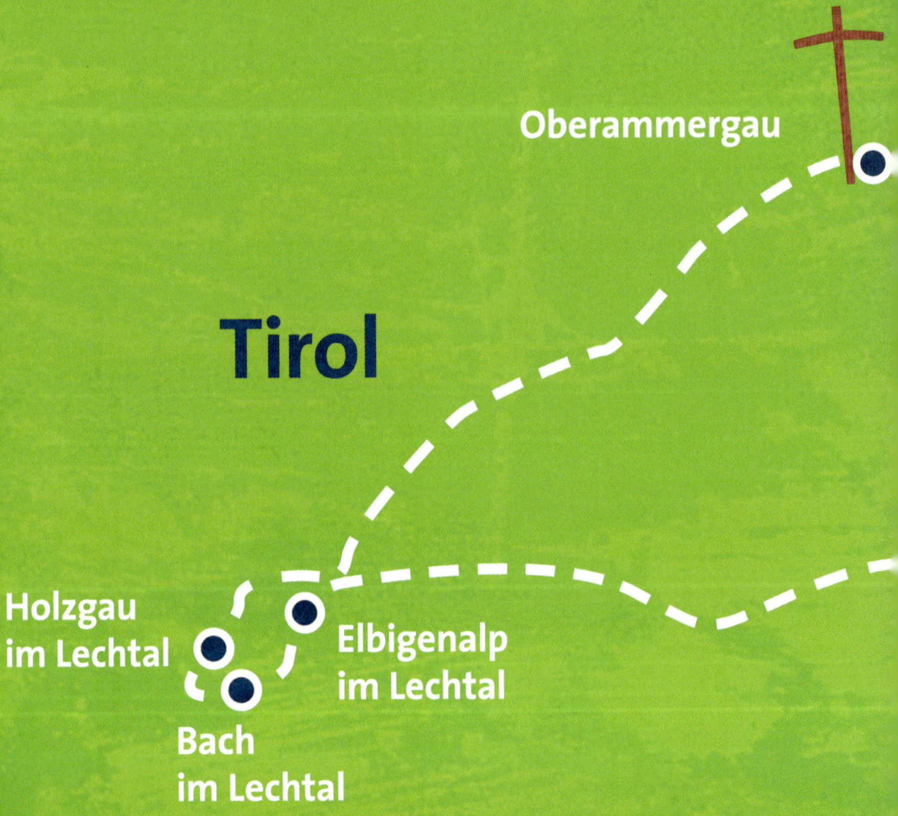

München
Wattens
Innsbruck

Das »Hillern-Schlössl« in Oberammergau wurde 1886 errichtet.

Oberammergau

Passionstheater und »Hillern-Schlössl« führen hier auf die Spur der Geierwally. Von 1886 bis 1911 lebte Wilhelmine von Hillern in dem prunkvollen Landhaus an der Ettaler Straße 45. Das in ihrem Auftrag errichtete »Schlössl« existiert noch heute, allerdings ist es in Privatbesitz und kann nicht besichtigt werden. Wenngleich die »Geierwally«-Autorin die letzten Lebensjahre in Hohenaschau im Chiemgau verbracht hat, so ist sie doch in Oberammergau bestattet. Ihr Grab befindet sich im Alten Gemeindefriedhof.

Oberammergau ist im Sommer auf jeden Fall einen Ausflug wert. Wanderungen in die Ammergauer Alpen sind von hier leicht und bestens zu unternehmen. Die Gipfel von Kofel und Laber erreichen bereits Höhen von 1342 und 1686 Metern. Die Hänge sind überwiegend bewaldet. Das Dorf selbst, an der Ammer gelegen, ist herb-charmant. Oberammergau ist für seine Holzschnitzer – es soll mehr als 100 Schnitzerfamilien unter den 5000 Einwohnern des Ortes geben – und für seine prächtigen Lüftlmalereifassaden bekannt. Neben der barocken Pfarrkirche St. Peter und Paul reiht sich eine Vielzahl von solchen Häusern mit dieser außergewöhnlichen Wandmalerei. Das berühmteste ist das Pilatushaus, dessen Fresko »Die Verurteilung Jesu durch Pilatus« ihm seinen Namen gegeben hat. 1784 entstanden die baro-

Lüftlmalerei am Pilatushaus in Oberammergau.

cken Malereien und zieren seitdem pompös Balkon, Fenster und Erker. Im Pilatushaus finden regelmäßig wechselnde Ausstellungen statt. Die »Lebende Werkstatt« ermöglicht Gästen, Holzschnitzern bei der Arbeit zuzusehen.

Doch wirklich berühmt wurde der Ort durch seine Passionsspiele. Oberammergau veranstaltet seit einem Gelübde von 1633 alle zehn Jahre die Passionsspiele. Daran beteiligen sich über 2000 Bewohner des Ortes, 450 Kinder sind auch dabei. Sie wirken als Laiendarsteller oder im Chor und dem Sinfonieorchester im eigens dafür errichteten Schauspielhaus mit. Nur wer in der oberbayerischen 5000-Einwohner-Gemeinde geboren und aufgewachsen ist oder bereits 20 Jahre dort lebt, darf mitmachen. Das christliche Mysterienspiel zeigt die letzten fünf Tage im Leben von Jesus. Die nächsten Spiele sind 2020 angesetzt, knapp 500 000 Besucher werden erwartet. Auch außerhalb der Passionsspielzeit steht das Theater offen. Das Passionstheater wurde 1830 nach Plänen von Nikolaus Unhoch gebaut. Ursprünglich spielten die Darsteller direkt am Friedhof der Pfarrkirche, wo viele Pestopfer ihre letzte Ruhe fanden und das Gelübde abgelegt wurde. Das Passionstheater wurde im Jahr 2000 aufwändig restauriert.

www.ammergauer-alpen.de | www.passionsspiele-oberammergau.de
Passionstheater GmbH | Othmar-Weis-Straße 1 | 82487 Oberammergau | tel 08822 / 9458888

München

Auch in München lässt sich auf den Spuren von Wilhelmine von Hillern wandeln. Sie lebte zweimal für längere Zeit in Schwabing: 1892 bis 1895 in der Ainmillerstraße 4, ein paar Jahre später dann, 1901 bis 1903, in der Ainmillerstraße 31. Die Straße mit ihren schönen gründerzeitlichen Häusern beziehungsweise Jugendstilwohnbauten hat viele berühmte Literaten und Künstler beherbergt und ist auch heute noch sehenswert, obwohl viel Substanz im Zweiten Weltkrieg zerstört wurden.[27]

Die Geierwally als Theaterstück kam 1880 am Münchner Gärtnerplatztheater zur Uraufführung. Bis heute ist das klassizistische Theater mit interessantem Programm sehenswert – abgesehen davon, dass das umliegende Glockenbachviertel mit seinen vielen Cafés, Szenekneipen und individuell-kreativen Läden immer einen Besuch lohnt.

Staatstheater am Gärtnerplatz | Gärtnerplatz 3 | 80469 München | tel 089 / 2185 1960
www.gaertnerplatztheater.de

www.muenchen.de/freizeit/freizeit-guides-fuer-muenchen/was-ihr-im-glockenbachviertel-immer-machen-koennt.html

Görtnerplatztheater in München.

Als die Oper »La Wally« entstand, reiste der Komponist Alfredo Catalani von Italien nach München, um über sein Projekt mit Wilhelmine von Hillern zu sprechen. Arturo Toscanini dirigierte 1907 die Uraufführung an der Mailänder Scala und 1909 an der Metropolitain Opera in New York. Toscanini war ein so großer Fan des Stoffs, sodass er sogar seine Tochter »Wally« taufen ließ. Ein Teil ihres Nachlasses liegt im Deutschen Theatermuseum in München, das schon aufgrund seiner idyllischen Lage am Hofgarten, aber auch wegen seines Ausstellungsbestands und der wechselnden Sonderausstellungen immer einen Abstecher lohnt.

www.deutschestheatermuseum.de

Die »Wunderkammer« in Elbigenalp.

Elbigenalp im Lechtal

In Elbigenalp wuchs das Vorbild der Geierwally, Anna Stainer-Knittel, auf. Das kleine »Duarf«, wie die Einheimischen sagen, liegt etwa 80 Kilometer von Oberammergau entfernt auf österreichischer Seite und gehört zum Bezirk Reutte in Tirol. Wie der bayerische Nachbarort ist auch Elbigenalp für seine zahlreichen Schnitzer und vor allem für die Schnitzschule bekannt. Sie ging aus der Zeichenschule hervor, die von Johann Anton Falger gegründet worden war und in der Anna Stainer-Knittel ihren ersten Malunterricht erhielt. Diese und viele weitere Geschichten erzählt die »Wunderkammer«, ein spannendes, interaktives Heimatmuseum, mit wechselnden Sonderausstellungen, Exkursionen und kulturellen Veranstaltungen.

Wunderkammer Elbigenalp | Dorf 47 | A-6652 Elbigenalp | tel 0043 / 5634 / 20024
http://wunderkammer.tirol/wunderkammer/

Das Geburtshaus von Anna Stainer-Knittel liegt in Untergiblen 4 in Elbigenalp, unweit der Sommerrodelbahn »Wally-Blitz«. Das von den Lechtaler und Allgäuer Alpen grandios umrahmte Tal, in dem die Gemeinde liegt, lädt zu zahlreichen Wanderungen und Ausflügen ein.

www.wallyblitz.at | www.lechtal.at

Geierwally-Freilichtbühne

Das Theater ist direkt in den markanten Felsen der Elbigenalper Bernhardstalschlucht gebaut und hat wahrlich eine beeindruckende Kulisse. 1990 wurde der Grundstein gelegt, 1993 fand hier Premiere mit dem Stück von Felix Mitterer »Die Geierwally« statt. Theaterleitung hatte über Jahrzehnte die großartige Theaterfrau Claudia Lang, die nicht nur künstlerische Leiterin war, sondern auch selbst Stücke schrieb. Zum Beispiel eben das erste Stück, das die Lebensgeschichte der Anna Stainer-Knittel in der Vorlage verarbeitete. Die »Geierwally« steht nicht immer auf dem Programm, aber es finden jedes Jahr mehr als sehenswerte Premieren statt. Ein Besuch lohnt allein schon wegen des atemberaubenden Ambientes.

Geierwally Freilichtbühne | A-6652 Elbigenalp | tel 0043 / 5634 / 531512 | www.geierwally.at

300 Meter von der Freilichtbühne entfernt kann man im Restaurant »Zur Geierwally« nicht nur Tiroler Spezialitäten wie Schlutzkrapfen oder Speckknödel mit Sauerkraut bekommen, sondern zugleich die liebevoll zusammengestellten Museumsstücke zur berühmten Namensgeberin betrachten oder man bestellt gleich einen geführten Rundgang durchs Dorf.

Restaurant Zur Geierwally | Haus Nr. 40 | 6652 Elbigenalp | tel 0043 / 5634 / 6405
www.zur-geierwally.at

Geierwally-Freilichtbühne in Elbigenalp.

Bach im Lechtal.

Bach im Lechtal

Der Anna Stainer-Knittel Gedenkweg beginnt im Dorfzentrum von Bach im Lechtal. Neun Stationen zeigen ihr Leben und vor allem das künstlerische Wirken dieser starken Frau, das bis heute vom Geierwally-Mythos überlagert wird. Es ist eine ausgewachsene Tagestour, wenn man von Bach aus startet. Wem das zu anstrengend ist, der hat auch die Möglichkeit, eine Buslinie zu nutzen. Einkehr ist im Sommer auf der Saxeralm, auf 1873 Metern, hoch über dem Bergdorf Madau, möglich. Die Alm ist im Sommer bewirtschaftet. In der nahen Saxenwand soll sich der Adlerhorst, den die junge Anna ausgehoben hatte, befunden haben. Und auf dem Weg begegnet einem die ganze Vielfalt der alpinen Flora, die für Anna Stainer-Knittel als Vorbild für ihre botanischen Studien, Blumenbilder oder Porzellanmalereien gedient hatte.

www.lechtal-info.com/touren/anna-stainer-knittel-gedenkweg.html

Saxer-Alm / Anna Stainer-Knittel Gedenkweg.

Hängebrücke in Holzgau im Lechtal nix für schwache Nerven.

Holzgau im Lechtal

Wem selbst nach etwas Nervenkitzel à la Geierwally zumute ist, der hat auch dazu Gelegenheit: Auf der Fußgängerhängebrücke in Holzgau balancieren Wanderer luftige 110 Meter über der Höhenbachschlucht. Es ist die längste Hängebrücke Österreichs. Gut 200 Meter weit spannt sie sich über das Höhenbachtal. Es braucht schon Nerven, sich da hinüber zu schaukeln in kleinen Schritten. Sie ist Teil des Lechwanderwegs. Der 125 Kilometer lange Fernwanderweg führt von der Quelle des Lechs in Vorarlberg bis zum Lechfall in Füssen. Abwechslungsreich geht es durch Almwiesen und Bergwälder, vorbei an Dörfern voller Lüftlmalereien. Für die gesamte Strecke sollte man eine Woche Wanderzeit einrechnen. Man muss nicht bergfest sein, braucht aber eine gute Kondition.

www.lechtal-info.com/touren/haengebruecke-holzgau.html

Innsbruck

Die Landeshauptstadt von Tirol war für Anna Stainer-Knittel lange Zeit Heimat. Nachdem sie erste Erfolge als Malerin verzeichnet, zieht sie – gegen den Willen des Vaters – vom Lechtal hierher. Und sie hat Erfolg: Die 23-Jährige kann sich durch den Verkauf ihrer Gemälde ihren Lebensunterhalt selbst finanzieren, ihr Selbstporträt in Lechtalchertracht wird sogar vom Tiroler Landesmuseum Ferdinandeum erworben. Hier in Innsbruck lernt sie 1867 den Gipsformer Engelbert Stainer kennen und lieben. Erneut widersetzt sie sich dem Willen der Eltern und heiratet ihn. Sie bringt zwei Söhne und eine Tochter zur Welt, bleibt aber weiter kreativ tätig. Anna eröffnet sogar eine eigene »Zeichen- und Malschule für Damen«, die sie bis ins hohe Alter leitet. Ihr Sohn Leo wird später Ehrenbürger der Stadt Innsbruck für seine Verdienste um »die Rettung«. Er hatte 1907 die Rettungsabteilung der Freiwilligen Feuerwehr gegründet und stellte einen Großteil seiner Einkünfte dafür zur Verfügung. Sein Bruder Karl wird Arzt. Als Medizinalrat lebt er in Wattens und ist Hausarzt der mit Kristallglas zu Vermögen gekommenen Familie Swarovski. Seine Mutter lebt bei ihm bis sie 1915 hier stirbt. Das Fa-

Das Goldene Dachl in Innsbruck.

miliengrab der Stainer-Knittels liegt am Alten Friedhof der prächtigen, spätbarocken Basilika im Innsbrucker Ortsteil Wilten. Von hier aus hat man einen grandiosen Blick auf die von Zaha Hadid entworfene Bergisel Sprungschanze mit einem spektakulären Aussichtsrestaurant.

Wer in Innsbruck ist, sollte natürlich das Wahrzeichen der Tiroler Landeshauptstadt besuchen: das Goldene Dachl. Der Prunkerker und sein mit 2657 feuervergoldeten Kupferschindeln verziertes Dach wurden von Maximilian I. errichtet. Im Museum Goldenes Dachl erfahren Besucher alles über die Geschichte dieses einzigartigen Bauwerks und das Zeitalter Kaiser Maximilians I.

Das Landesmuseum Ferdinandeum hütet Bestände von der Kunstgeschichte über die Archäologie, Geschichte, Naturwissenschaften bis hin zur Musik.

Die von André Heller konzipierten »Kristallwelten« der Firma Swarovski in Wattens sind eine große Glitzerschau und wahrlich einen Besuch wert.

Tiroler Landesmuseum Ferdinandeum | Museumstraße 15 | 6020 Innsbruck | tel 0043 / 512 / 59489 | www.tiroler-landesmuseen.at

Swarovski Kristallwelten | Kristallweltenstraße 1 | A-6112 Wattens tel 0043 / 5224 / 751080 | www.kristallwelten.swarovski.com

Und wer gar nicht genug von der Geierwally bekommen kann, fährt mit der Hungerburgbahn hinauf zum Hafelekar. Auch wenn dort die Holzhütte leider abgebrannt ist, wo 1956 der Hillern-Roman mit Barbara Rütting in der Hauptrolle gedreht wurde, das Geierwally-Feeling kommt in DEM Bergweltambiente mit Sicherheit trotzdem auf!

www.innsbruck.info| www.nordkette.com/de

Zu Besuch beim Schmied von Kochel

Seit kurzem ist er auch im niederbayerischen Aidenbach daheim. Zum großen Alpenregionstreffen der Gebirgsschützen im Jahr 2016 war er noch in Waakirchen zu Hause. Die Rede ist von einem geschnitzten Schmied von Kochel. Der Name sagt es: Er soll einen Gutteil seines Lebens in Kochel am See verbracht haben. Die Figur zeigt sich bewaffnet mit Lanze und Morgenstern. Die Skulptur, sozusagen der jüngste Schmied von Kochel, ist 4,50 Meter hoch und gut 2,5 Tonnen schwer, vom Tegernseer Künstler Markus Trinkl mit der Kettensäge aus dem Stamm einer alten Tanne geschält. Manch andere Darstellung, die in den letzten 200 Jahren entstand, zeigt den Schmied in Lederhosen und Wadlstrümpf, mit bayerisch-kurfürstlicher Fahne und Eisenkeule. Denn die Idolisierung der Figur begann erst 100 Jahre nach dem Aufstand, der »Sendlinger Mordweihnacht«. Man mag behaupten: So gewaltig mächtig wären die Bayern, hätten sie nicht 1705 die Schlacht gegen die Obrigkeit durch Verrat verloren. Es war eine so bittere Niederlage, dass selbst der wehrhafte Schmied dabei sein Leben ließ. So kampferprobt und mächtig der alte Haudegen auch gewesen sein soll, so schön wäre es gewesen, wenn die Idee, für die das Volk aufstand, vielleicht damals bereits Wirklichkeit geworden wäre: eine Art Volksbeteiligung am Staat, so etwas wie Demokratie. Aber weder Idol noch Ideal waren wohl zu jener Zeit echt und lebendig. Dafür lebt die Story vom Nationaldrama unter dem Motto: »Lieber bayerisch sterben als kaiserlich verderben ...«

Schmied-von-Kochel-Skulptur von Markus Trinkl.

Die ganze Gschicht

Zu der Zeit, als der Schmied von Kochel gestorben sein soll, 1705, im Alter von 61 Jahren, war Bayern seit mehr als einem Jahrzehnt ein geschundenes Land. Es war nur noch Durchmarschland unterschiedlicher Besatzungstruppen. Allein 200 verschiedene Truppen brandschatzten das Land im Kriegsjahr 1705. Die Folgen für die Zivilbevölkerung waren Grausamkeiten durch Folterungen, Vergewaltigungen, Plünderungen, Zwangsrekrutierungen und soldatische Exzesse. Von Bad Tölz über Miesbach, quer durchs Oberland, bis nach Niederbayern, Aidenbach und Simbach, zog sich der Aufstand.

Regiert wird das Land vom »Blauen Kurfürsten« Max II. Emanuel (1662–1726). Der Wittelsbacher hatte sich als Feldherr im Dienst für den Kaiser große Anerkennung erworben. Er war dabei, als Wien von der Belagerung der Türken befreit und Ungarn von den Osmanen zurückerobert wurde. Teja Fiedler schildert in seiner »Anderen Geschichte Bayerns« den Blauen Kurfürsten als einen trumpen Typ: »Der Kurfürst scheint weichen Charakter und von mittelmäßigem Geist, obgleich er [...] liebenswürdige Eigenschaften hat. Er ist durch und durch Fürst, das heißt schwach in der Lebensweise und verderbt in den Sitten [...].«[28] Als Kriegsgewinnler der Türkenkriege lässt er Überlebende in die bayerische Heimat verschleppen. »In München war es über Jahre modischer Trend, Türken als herrschaftliche Sänftenträger zu nutzen, und der bairische Klerus verwendete viel Schweiß und Fürbitte auf die Bekehrung ihrer schwarzen muselmanischen Seelen. Selbst tote Türken waren noch von großem Nutzen. Für die Heilberufe. Man zog ihnen die Haut ab, dörrte die Leichen und schickte sie säckeweise nach Westen. Für Apotheker und Ärzte war Mumienpulver damals kostbarer Bestandteil besonders heilsamer Mixturen. Waren türkische Mumien knapp, mussten sich die Doctores mit den getrockneten Kadavern gehenkter Verbrecher begnügen [...].«[29]

Er hätte so gern richtig Karriere gemacht, der Blaue Kurfürst

Bald schon zieht der Blaue Kurfürst nach Brüssel um. Er wird Statthalter der habsburgischen Spanischen Niederlande, das ist ungefähr die Region des heutigen Belgiens. Max Emanuel hatte 1685 Maria Antonia, die Tochter Kaiser Leopolds und der spanischen Infantin Margareta Theresa, geheiratet. Der Kaiser hatte seine Tochter dem bayerischen Kurfürsten quasi als Geschenk des Dankes für die kriegerische Hilfe überlassen. Damit eröffnen sich ihm grandiose Perspektiven: Sollten die Habsburger in Spanien und dem Deutschen Reich ohne Nachkommen bleiben, könnte das Haus Wittelsbach möglicherweise ein Weltreich erben. Maria Antonia gebiert ihm seinen Thronprinzen, Joseph Ferdinand. Die Kaisertochter verstirbt kurz darauf und Max Emanuel heiratet flugs eine polnische Prinzessin. Der kleine Joseph Ferdinand wird erwartungsgemäß zum Alleinerben eingesetzt. Die Wittelsbacher und Bayern stehen kurz vor der Weltherrschaft.

Joseph Ferdinand von Bayern.

Bayern, keine Weltmacht

Leider stirbt das Kind im zarten Alter von sieben Jahren. Eine Mandelentzündung oder eine entzündliche Gastritis – da gehen die Angaben auseinander – überlebt er nicht. Mit der mangelhaften Kunst der Medizin jener Zeit, mit Aderlass und Klistieren, war der schwachen Gesundheit des Kindes keine Besserung abzugewinnen. Antibiotika waren noch nicht erfunden.

Die Karten um die Macht in Europa müssen neu gemischt werden. Der Spanische Erbfolgekrieg beginnt. Bayern schließt sich den militärisch starken Franzosen an, gegen die österreichische Verwandtschaft. Der vernichtende Sieg britischer und kaiserlich-habsburgischer Truppen über die verbündeten Franzosen und Bayern in der Zweiten Schlacht bei Höchstädt, der »Battle of Blenheim«, am 13. August 1704, führt zu unglaublicher Not und bringt die Bevölkerung ins Elend.

Verlierer Frankreich zieht seine Truppen aus Süddeutschland ab. Bayern wird österreichischer Verwaltung unterstellt und mit kaiserlich-österreichischen Soldaten besetzt. Der Regent flieht in die Niederlande und schert sich wenig um sein Stammland Bayern. Er überlässt es der Willkür der Habsburger.

Diese Schlacht verändert die Landkarte Europas und legt mit ihren Demütigungen die Grundlage für die späteren Weltkriege, wertet später Winston S. Churchill. Der britische Premier hat die Schlacht von Höchstädt und die »Sendlinger Mordweihnacht« in ihrer europäischen Auswirkung in seinen Büchern eingeordnet. Rund 56000 französisch-bayerische Soldaten und 52000 aus Österreich und Großbritannien ziehen in den Kampf. Ein Viertel stirbt auf den Schlachtfeldern, also soviel Menschen, wie heute Miesbach und Bad Tölz, quasi die Kerngebiete der Aufständischen, zusammen Einwohner haben.

Dem Sieger gehörte alles

Das Feudalrecht »erlaubt«, dass sich die Sieger im schutzlosen Land bedienen. Quartierbereitstellung und Versorgung der siegreichen Soldaten durch die heimische Bevölkerung sind an der Tagesordnung. Gleichzeitig plündern und verbrennen die österreichischen und englischen Truppen ihrem Auftrag gemäß die Häuser der einfachen Bevölkerung und schonen die Schlösser. So können sie sicher sein, eine feindliche Haltung der Bürger und Bauern gegen ihre Herren zu provozieren. Insgesamt werden in diesem Sommer 1704 in Bayern über 7600 Häuser zerstört. Unterstützt werden sie von den kurfürstlichen Beamten, die schnell mit der neuen Obrigkeit kollaborieren. Die Steuerlast im Rentamt Straubing wird gegenüber den Vorkriegsjahren verzehnfacht, um die Sieger zu entschädigen. Bauernsöhne werden zwangsrekrutiert, indem am Sonntag Soldaten Kirchen zur Gottesdienstzeit umstellen und die Burschen mitnehmen, »an Wagen anschmieden«. Je nach Gusto packen sie die Töchter auch gleich noch ein. Vergewaltigung, Not, Hass und Gier sind an der Tagesordnung. Es muss zugegangen sein wie zwischen IS und Taliban-Kämpfern. Durch die verheerenden Plünderungen sind kaum noch Tiere im Stall der Bauern und eine Hungersnot beginnt sich abzuzeichnen.

Im Winter 1705 stehen die Bauern dagegen auf. Nicht, wie es später umgedeutet wurde, aus Liebe zum bayerischen Kurfürsten im fernen Brüssel. Kurfürst Max Emanuel interessierte Bayern nicht. Die eigene Not war die Triebfeder des Aufstands.

Das organisatorische Grundgerüst des Aufstands bildet die »Chur-Bayerische Landts-Defension Oberlandts«, aufgeboten von den Gerichten Tölz, Benediktbeuern, Tegernsee, Hohenwaldeck und Aibling mit der Grafschaft Valley und Rosenheim. »Aber es hat sich weit über das Oberland hinaus von Tölz bis Cham, von Burghausen bis Braunau das gesamte bayerische Volk erhoben, bis zu 100 000 beteiligten sich am Aufstand, der alle Bevölkerungsschichten erfasste, um für ihr Bayernland Frieden zu erkämpfen«[30], sagt Henric L. Wuermeling, Autor mehrerer Bücher und Filme zum Thema. »Es war der erste Volksaufstand Europas«, wertet er. »Sie können es vergleichen mit dem Arbeiteraufstand zum 17. Juni 1953. Das Volk hat sich erhoben und politische und wirtschaftliche Forderungen gestellt.«[31] Gewaltig arm und voller Gewalt ist das Leben der Bauern in jener Zeit. Der Aufstand richtete sich also nicht gegen die Österreicher oder die kaiserlichen Besatzer, sondern gegen die drückende Ausbeutung. Die Oberländer Bauern, die Niederbayern, das Volk, schließen sich 1705 zu einem aufständischen Bund zusammen, um für ihr Bayernland den Frieden zu erkämpfen. Die Verbündeten gehen in einem Sternmarsch von Niederbayern bis Oberbayern auf die Residenzstadt zu. Dass sie von vornherein zum Scheitern verurteilt sind, bewaffnet mit Dreschflegel und Heugabeln, ohne Kampferfahrung, ist vielleicht auch ihnen klar. Nicht alle laufen wohl aus freien Stücken gen München. Zumindest lassen sich in alten Aufzeichnungen Aussprüche einzelner Bauern dazu finden. Doch bevor sie überhaupt am Ziel ankommen, im tiefsten Winter bei Eis und Schnee, werden sie verraten. Als die Oberländer gegen Mitternacht in Sendling eintreffen, sind die Unterländer von den kaiserlichen Truppen bei Zorneding bereits aufgerieben. Aber: Sie sind die ersten, die es in Europa wagen, sich zu erheben. Es sollte noch 90 Jahre dauern, bis Europa mit der Französischen Revolution endgültig eine neue Ordnung schuf.

Die Sendlinger Mordweihnacht

Der Versuch der Aufständischen, die Stadt München einzunehmen, kulminiert am Weihnachtsabend 1705 in der sogenannten Sendlinger Bauernschlacht. Der bayerische Widerstand wird von den Soldaten der Reichsarmee unter dem Oberbefehl des habsburgischen Kaisers Joseph I. grausam gebrochen und die Aufständischen mit immenser Gnadenlosigkeit massakriert. »Die Schlacht war ein Schlachten«, schildern Augenzeugen. Es wären »Inselberge toter Körper im Blutsee vor dem Isartor am Roten Turm« gelegen. Letzterer stand ungefähr dort, wo heute die Ludwigsbrücke vor dem Deutschen Museum in die Zweibrückenstraße übergeht, kurz vorm Isartor. Verwundete werden »zum Verreckenlassen« vor die Michaelikirche geschleppt. Wer noch lebendig ist, soll aufstehen, befehlen die Soldaten, um die, die sich erheben und auf Gnade rechnen, weil sie die Waffen niedergelegt und sich ergeben haben, niederzusäbeln. Auf dem Gottesacker vor dem Sendlinger Tor, so wurde der Alte Südfriedhof früher genannt, verstecken sich die Rebellen. Hunderte werden dort in einem Massengrab bestattet. Auch im Sendlinger Kirchhof, der eigentlich ein eigenes Asylrecht bietet, werden die Aufständischen wahllos hingemetzelt. 800 Menschen lassen dort ihr Leben. Die Soldaten schlachten insgesamt 1100 Rebellen in einem irren Blutrausch ab, was in diesem Ausmaß selbst den Feldherren der Besatzer zu viel war. Die Österreicher melden gar 10 000 »erlegte Rebellen« nach Wien. Doch die Obrigkeit stoppt ihre Truppen nicht. Darin zeigt sich auch, dass es zwar ein europaweites Aufbegehren – von den Spanischen Niederlanden über Frankreich bis Österreich mit Alliierten aus den Niederlanden und Großbritannien – gab, aber es in der ständischen Gesellschaft längst noch keinen Funken an Hierarchie übergreifender Loyalität gab.

Detail aus dem Fresko »Die Sendlinger Bauernschlacht 1705« von Wilhelm Lindenschmit dem Älteren an der alten Pfarrkirche in Sendling. In der Mitte mit Wadlstrümpfen und einer mit Nägeln gespickten Keule die Lichtgestalt des sagenumwobenen Schmieds von Kochel.

Das aber ist, was über diese entsetzliche Zeit hinaus wirkt. »Das gab es bisher in der Geschichte des Heiligen Römischen Reiches Deutscher Nation noch nicht: einen vierten Stand. Dieser Vierte Stand fordert sein Recht und will in dem Staatsaufbau ein Wort mitreden. Dort sind bisher nur drei Stände vorgesehen: Adel, Geistlichkeit und Städte – eine Minderheit gegenüber der erdrückenden Mehrheit der Landbevölkerung. Ungeahnte Möglichkeiten repräsentativer und plebiszitärer Demokratie tun sich in dem kleinen Rentamt Burghausen auf, ohne dass sich die Betroffenen über die umwälzende Bedeutung dieses Schrittes klar sind; schließlich gibt es keine Vergleichsmöglichkeiten. Was hier in den nächsten Tagen geschieht, geht seiner Zeit weit voraus.«[32]

Nach Ende der Sendlinger Mordweihnacht marschieren die kaiserlichen Truppen weiter in Richtung Niederbayern, wo am 8. Januar 1706 bei Aidenbach die letzte große Schlacht des Aufstands beginnt. Nach der erneuten Niederlage bricht der bayerische Widerstand endgültig in sich zusammen. Innerhalb von nur drei Wochen sind auf bayerischer Seite knapp 10 000 Opfer zu verzeichnen. Die Anführer des Aufstands, soweit ihnen die Flucht nicht gelang, werden hingerichtet. Dieser erste Volksaufstand Europas ist bitter gescheitert.

Die ganze Gschicht

Lassen wir zuerst die Legende sprechen:

»An der Isarbrucken hat der Schmied allein neunzehn Österreicher über den Haufen geschlagen. Dann haben die von der Au mit ihren Äxten an das Tor vom Roten Turm geklopft. Aber dem Schmied hat das zu lang gedauert und – wie selbigsmal in Belgrad – hat er mit seinem Prügel die dicken Türen eingesprengt. Da sind die Tölzer Schützen im Roten Turm gewesen, aber noch lang nicht in der Stadt. Wie sie dann auch von hinten angefallen worden sind, haben die Bauern auf Sendling zurückmüssen. Da haben sie aus lauter Wägen eine Schanz gerichtet, hinter Häusern und Zäunen haben sie gefochten, Mann gegen Mann, und die Mauer des Freithofs hat ihnen noch eine Brustwehr abgeben müssen. Stundenlang haben sie sich gewehrt, bis der Schmied von Kochel grad noch seine zwei Buben und 37 Bauern um sich gehabt hat. Einer um den andern ist in den Schnee gefallen und nicht

Erstürmung des Roten Turmes zu München durch den Schmied von Kochel am Weihnachtsmorgen 1705, Gemälde von Franz von Defregger, 1881.

mehr aufgestanden. Zuletzt hat er auch seine zwei Buben sterben sehen, aber er hat keine Zeit gehabt, daß er sich um sie angenommen hätte. Haufenweis sind die Feinde gegen ihn an, aber er hat keinen herangelassen an die weißblaue Fahn mit dem Bild der Himmelsmutter, bis ihn so ein gelbgesichtiger Pandur von hinten erschossen hat.«[33]

»Lieber bayerisch sterben, als kaiserlich verderben.« Diesen Schlachtruf tönt er laut und sein letztes Wort, bevor auch ihn, den Schmied von Kochel, der Tod mitnimmt, soll »Bayern!« gewesen sein.

Er gilt in Oberbayern als Freiheitsheld wie den Schweizern Wilhelm Tell und den Tirolern Andreas Hofer. Seine Größe und Stärke sollen seinem Mut in nichts nachgestanden haben. Aber, ist der Schmied von Kochel nur Legende – erfunden als Symbolfigur, um die Schmach der Niederlage umzuinterpretieren als Untergang mit Heldenmut zum Besten fürs Bayernland? Aber wer hat's dann erfunden, diese fulminante Story? Die Zeitgenossen, die wenigen, die überlebt haben und dann ihre Geschichte wiederholt ausgeschmückt und von dem übermäßigen Grauen berichtetet haben? Wär er nur ein »Pflaster« für ihr Trauma gewesen, dass, wenn selbst so ein übermenschlicher Held stirbt, sie doch ehrwürdig gekämpft haben? Oder setzt sich die Geschichte zusammen aus vielen Tapferen? Hat es ihn nie gegeben?

Die Fragen lassen sich nicht beantworten, schriftliche Zeugnisse gibt es nicht. Der Schmied von Kochel und seine Biografie ist pure »oral history«, nur mündlich überlieferte Historie. Angeblich wurden die entscheidenden Kirchenbücher jener Zeit vernichtet. Historiker heute mögen ihn darum ins Reich der Mär und Sage verweisen, bayerische Patrioten ihn dennoch verehren. Wir wissen nichts, können aber mehrere Überlieferungsstränge betrachten.

Der Legende nach war Waakirchen der Geburtsort des Schmieds von Kochel, 1644 sei er im Haus schräg gegenüber des Christlwirts als Balthasar Mayr geboren worden. Er habe sich dann irgendwann als Schmiedegeselle in Kochel niedergelassen. In den Türkenkriegen sei er mitmarschiert und hätte als einfacher Soldat, einzig mit einer Stange bewaffnet, das Stadttor von Belgrad durchbrochen. Er war also kampferprobt. Beim Massaker in der Sendlinger Pfarrkirche sei er – der 70-Jährige! – als letzter Mann nach heroischem Kampf gefallen. Die »Sendlinger Mordweihnacht« im Spiegel der Sterbebücher aus dem Bistum Freising hat der Kirchenhistoriker Roland Götz in einem Vortrag am Museum Tegernseer Tal beleuchtet. Die Sterbebücher der Pfarreien im Oberland führen nahe an das historische Geschehen heran. Die historischen Tauf-, Trauungs- und Sterbebücher sind fast vollzählig im Archiv des Erzbistums München und Freising zusammengeführt. Die Toten der Mordweihnacht sind vermerkt, auch die, die später an den Folgen der Verletzungen sterben. Einen Schmied von Kochel oder Schmied Balthes gibt es nicht in den Sterbebüchern. Man kann also annehmen: Geboren, gekämpft, gefallen ist der Held, aber nie gestorben, sonst wäre er in den Sterbebüchern des Bistums aufgeführt.

Historiker haben natürlich auch recherchiert und fanden mögliche Zeugnisse. Sie sind aber genauso wenig mit letzter Konsequenz belastbar, wie die mündliche Überlieferung. Aber in dieser Version ist eine gewisse Wahrscheinlichkeit enthalten. Demnach war der Schmied als Balthasar Riesenberger in Bach bei Holzolling auf die Welt gekommen. Im Sterberegister der zuständigen Pfarrei Neukirchen wurde er 1661 geboren und starb 1705 bei der Schlacht in Sendling. Er war der einzige Schmied im Gerichtsbezirk. Er heiratete Anna Mayer, die Tochter eines Schmieds. Das würde den weiteren kursierenden Namen Mayr Balthes erklären. Ein kleines Schmankerl am Rande sei auch erwähnt: Es gibt auch Indizien, dass der legendäre Schmied von Kochel eigentlich ein Haberermeister war. Die Haberer, ein Geheimbund im Oberland, waren aktiv am Volksaufstand beteiligt. Sein Name war Balthasar Riesenberger, von Beruf war er Schmied. Er ging später nach Kochel, gründete eine Familie und hatte acht Söhne.

Aus heutiger Sicht erstaunlich wäre dann die immense Mobilität, die der große Held gehabt haben muss, um seine diversen Aufgaben zu erfüllen. Für die Strecke von Holzolling nach Miesbach, dann über Bad Tölz nach Kochel am See, braucht man heute gut eineinhalb Stunden im Auto. Damals waren es Tagesreisen, um die unterschiedlichen Orte und Aufgaben anzugehen. Aber für solch einen Helden ist das ja vielleicht das kleinste Problem.

Die Rezeption

Mitte des 19. Jahrhunderts entsteht eine Vielzahl von Gedichten, Balladen und Theaterstücken zur »Sendlinger Bauernschlacht«. Sie heben den kraftvollen Hünen hervor, seine Tapferkeit und dienen vor allem der Stärkung eines Patriotismus der Zeit.

Ende des 19. Jahrhunderts bildete sich in Kochel am See eine Theatergruppe, die sich die Geschichte des Schmieds von Kochel auf die Fahnen schreibt. In den Jahren 1898, 1899 und 1900 wird das Stück über 50-mal erfolgreich aufgeführt. Die Einnahmen verwendet man für die Errichtung des Schmied-von-Kochel-Denkmals auf dem Kocheler Dorfplatz, das im Mai 1900 feierlich enthüllt wird.

Um die 1900er-Jahre entstehen eine Vielzahl an Denkmälern, die in den Orten, die im Bauernaufstand involviert waren, aufgestellt werden. Meist kommt dazu der Prinzregent, um die Einweihung zu zelebrieren. Das mag schon einem »Vorflimmern« der untergehenden Monarchie geschuldet gewesen sein, vielleicht wollte man einen patriotischen Zeitgeist stärken. Joseph Ruederer, Münchner Schriftsteller und Gegengeist im damaligen Literaturzirkus zu Ludwig Thoma, bringt 1911 ein Theaterstück »Der Schmied von Kochel« heraus. Er ist da ein wenig brillanter Held, der durch Untertanentum glänzt und auch persönliche Beziehungen diesem opfert. Bedingungslose Treue führt ihn in den Untergang. Ruederers Tragödie ist Gesellschaftskritik, die bis zum Zweiten Weltkrieg aktuell bleibt. Allerdings wird das Stück vom zeitgenössischen Publikum total verrissen – fürderhin bleibt der Schmied von Kochel in der Mottenkiste. 1955 und 1980 findet das Thema wieder eine Inszenierung in Kochel, vom dort ansässigen Theaterverein.

Lange schien die Figur des Schmied von Kochel kaum noch Aktualität zu haben. Erst in diesem Jahrhundert hat es die Story wieder neu auf die Bühne geschafft. Der Theaterautor und Musiker Günter Wagner aus Geretsried hat ein fulminantes Stück geschrieben: »Aufstand! Die wahre Geschichte der Sendlinger Mordweihnacht 1705«. Im Geretsrieder Kulturherbst wurde es 2015 zur Welturaufführung gebracht. Es lief eine weitere Saison beim Wolfratshauser Isarflimmern- Festival. Der Liedermacher

Konstantin Wecker schrieb dazu die Musik. Weil sich im Stück alles wiederfindet, wofür Wecker steht: Das Aufbegehren des kleinen Mannes gegen die Obrigkeit, der Kampf für Gerechtigkeit und gegen die alles erdrückende Macht der politischen Elite. Das kennt man aus den Liedern von Konstantin Wecker und die Aufforderung dazu wird im Theaterstück als Subtext laut. Im »Aufstand!« von Günter Wagner geht es nicht um die Aufarbeitung alter Geschichten, die Figur des Schmied von Kochel fehlt ganz. Es geht um die Aktualität und die Notwendigkeit, die Stimme zu erheben. »Wir brauchen nicht gleich Rebellen und Heroen und Revolutionäre. Aber auch wir von heute müssen Querdenken, Mutig aufstehen und für Werte der Menschlichkeit und Solidarität einstehen«, sagt Günter Wagner im Interview. Das Theaterpublikum dankte damals mit Standing Ovations. Bei der anschließenden Lounge-Party summten noch viele den Titelsong nach und waren überzeugt, die Stimme zu erheben, wenn es drauf ankäme ...

In München gedenkt seit 1981 die historische Gruppe »Schmied von Kochel« e. V., »alljährlich am Heiligabend um Mitternacht der Hunderten von niedergemetzelten Bauern. Regelmäßige Treffen jeden zweiten Montag des Monats, 20 Uhr im Augustiner, Neuhauser Straße 27, 1. Stock im Vogelzimmer, Gäste willkommen.«[34], heißt es auf der Webseite des Vereins.

In Günter Wagners Stück »Aufstand!« heißt die Hauptfigur Jakob Klinger. Das Volk, das sich erhebt, ist aber der wirkliche Held des Stücks.

In Waakirchen alle Jahre wieder

Seit 1905 erinnern in Waakirchen an Weihnachten die Gebirgsschützen-Kompanien am »Oberländer Löwendenkmal« an die Gefallenen. Die Kompanien von Kochel und Waakirchen stellen den Bezug sichtbar her durch ihre Bewaffnung mit Hieb- und Stichwaffen, mit gerade geschmiedeten Sensen, mit Morgensternen, Spießen, Hellebarden – eine Bewaffnung, wie sie auch die Landesverteidiger von 1705 hatten.

An dem 1905 errichteten Denkmal in Waakirchen versammeln sich seit 1955 jährlich am 24. Dezember die Waakirchner Gebirgsschützen mit befreundeten Kompanien zum Gedenken. Vertreter aus Politik und Verwaltung nehmen daran teil, manchmal auch der Ministerpräsident von Bayern.

Die Tölzer haben eine »Historische Tölzer Schützenkompanie 1705«. Alle fünf Jahre marschiert die Kompanie in der Heiligen Nacht auf den Kalvarienberg, um dort der in Sendling Gefallenen zu gedenken. Dort steht seit 1718 als Votivstiftung der aus der Sendlinger Schlacht lebend heimgekehrten Tölzer Bürger und Zimmerleute die Leonhardikapelle.

Die Lenggrieser Antlaßschützenkompanie hat nicht nur die Kompaniefahne, sondern auch die »Sendlinger Fahne« dabei. Die Vorderseite zeigt ein Bild der Muttergottes und trägt die Aufschrift »Churbayerische Oberlands Defension«. Heimatpflege und Heimatschutz im umfassenden Sinn haben sich die Schützen auf das Panier geschrieben, sowie die Pflege von Tradition und Brauchtum. Bei der Kompanie Gotzing hat sich die »Gotzinger Trommel« erhalten, die in der denkwürdigen Christnacht dabei war. Das Original steht heute im Miesbacher Heimatmuseum. Die Gotzinger rücken immer mit einer orginalgetreuen Nachbildung dieser Trommel aus.

Bei der Gedenkandacht trifft sich viel Prominenz aus Politik, Verwaltung und Wirtschaft. Mehrmals in Folge kam der letzte Bayerische Ministerpräsident Horst Seehofer persönlich. Ihn begleiteten Ilse Aigner, damals stellvertretende Ministerpräsidentin und der ehemalige Ministerpräsident Edmund Stoiber, der selbst in Montur der Gebirgsschützen antrat. Im Gefolge waren Politiker und Abgeordnete jeder Parteicouleur. Seehofer nannte in einer Rede die Aufständischen von damals Patrioten. »Sie ermahnen uns auch 2015, dass wir uns für unsere Werte gemeinsam stark machen müssen.« Trotz vieler Prominenz bei der Gedenkfeier seien es die Gebirgsschützen, die die wichtige Rolle der Gedenkpflege innehaben. Sie seien die »Lordsiegelbewahrer, die Hüter bayerischer Identität. Weil wir wissen, wo wir herkommen, haben wir die Kraft für die Zukunft«. (2015) Dass dieses Zusammentreffen nicht einfach nur politisches Redenschwingen ist, sondern auch Strahlkraft hat, wurde beim Machtringen zwischen Horst Seehofer und Markus Söder 2017 deutlich. Weil Seehofer nicht absagte, und Söder nicht kam, berichtete die Lokalzeitung dazu die unterschiedlichen Reaktionen der Zuschauer. Söder ließ daraufhin noch an Weihnachten in der Redaktion den Artikel korrigieren, dass er nicht eingeladen gewesen sei. So klein und unwichtig scheint das Gedenken dann doch nicht zu sein. »Denn«, so resümiert Henric L. Wuermeling im Interview, »1705 war die Geburtsstunde des Freistaats.« Und ein Symbol ganz besonderer Liebe zu Bayern.

Nachgfragt beim Bayerischen Löwen

»I hab an rechtn Grant. Ös redts heit vui zvui und doads nix. Wo der Schmied von Kochel glebt hat oder net, das ist mir doch grad glei oans. Glebt hat er, aber gstorben ist er net. Oder habts ös an Eintrag in de Sterbebücheln der Kirch gfunden? Die Oberlandler waren dazmoi a grade Rass. Und de Unterlandler aa. Da Verrat, der is aus der Stadt kumma. Aber se san aufgstandn, wia's um ihra Hoamat ganga is. Hantig kennas heit scho aa no sei. Aber sie massln grod no rum. Schee warats hoit, wenns solchane Manna (derfn aa Weiberleit sei) no gebn dadat! Welcherne, de si noch für d'Freiheit einsetzen, die si histellen und a Rückgrat zoagn. I schaug ma ja allaweil an Weihnachten de Gebirgsschützn o, wenns da zu meine Fiaß aufmaschiern. Diam moan i amoi, de oiden Loda wern a nix mehr reißn, wanns drauf okaam. Aber wenigstens stengans no do und hoiten d'Erinnerung wach für des, was amoi zählt hat. Muaß ma eahna a orechnen. Solltatn halt an Herrgott a net vergessn, bei eanare Redn zur Politik. Stärke ohne Gnade ist bloß Härte. Weil de Kaiserlichen damals so warn, san eierne Bauernbuam 1705 abgstocha worn wias Vieh. Aba jetzt lass ma wieda mei boarische Ruah. I schaug wieder auf Minga naus. Muass i scho aufpassn, was vom Maximilianeum so kimmt. Und wenn mei Stirnrunzeln net glangt, dann werd i an Schmied do no amoi aufweckn miaßn – gstorbn is a ja nia.«

Ausflug 4

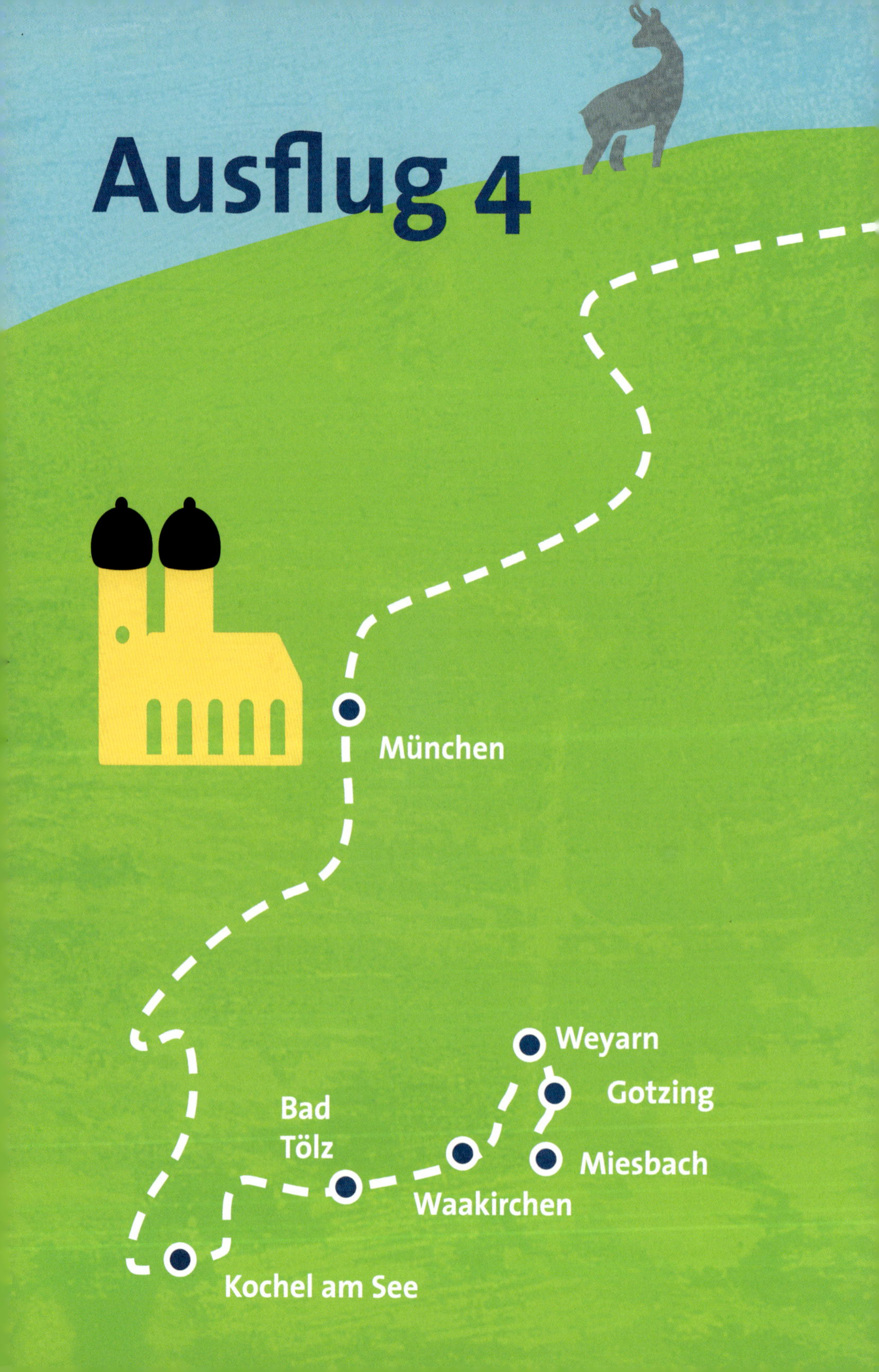
München
Weyarn
Gotzing
Bad
Tölz
Miesbach
Waakirchen
Kochel am See

Aidenbach
Passau
Chiemsee

Bach

In Bach, wo der Schmied von Kochel als Balthasar Riesenberger verortet ist, beginnt die Tour. Bach ist ein kleiner Weiler, heute ein Ortsteil von Weyarn. Es erinnert fast nichts an den Helden von 1705. Doch es gibt dort glatt noch einen Schmied: den Tortenschmied. Die Konditorei von Klaus und Johanna Weinmayr fertigt kunstvolle Tortenstücke. Vor allem zum Mitnehmen, denn bislang fehlt dort eine Café-Ausstattung. Einen kleinen Laden für allerlei Süßes gibts aber.

Der Tortenschmied | Bach 54 | 83629 Weyarn | tel 08020 / 904606
www.der-tortenschmied.de

Neukirchen

In der Pfarrei, zu der der Schmied von Kochel zugerechnet wird, zeigt die Theatergruppe Neukirchen unter dem Motto »boarisch sama« traditionell alle zehn Jahre »Ums heilige Landl«, ein historisches Bühnenstück um den legendären Schmied. In der Sterbematrikel der Pfarrei Neukirchen steht der Held als Balthasar Riesenberger, inmitten der 56 Gefallenen der Pfarrei Neukirchen.

www.trachtenverein-neukirchen.de/theater

Weyarn

Wir cruisen weiter Richtung Miesbach. Weite Felder und Miesbacher Egarten-Landschaft erstrecken sich vor dem Panorama des Mangfallgebirges. Auch vor 300 Jahren gab es im Miesbacher Land schon diese typische Haglandschaft. Das Kloster Weyarn errichteten die Augustiner-Chorherren 1133 am Hochufer der Mangfall. Es erlebte bis zur Säkularisation 1805 eine Glanzzeit und dient heute wieder dem Deutschen Orden als Kloster. Die ehemalige Stiftskirche des Klosters, St. Peter und Paul, ist nur nach Voranmeldung zu besichtigen.

Pfarrbüro tel 08020 / 290 oder 906290

Innenraum von St. Peter und Paul im schönsten bayerischen Rokoko mit Deckenfresken von Johann Baptist Zimmermann.

Pfarrkirche St. Peter und Paul in Weyarn.

Miesbach

Zur vermuteten Lebenszeit von Schmied Balthes gab es allerdings die sehenswerte Rokoko-Ausstattung noch nicht. Der renommierte Münchner Hofmaler Johann Baptist Zimmermann, der die reichen Stuckarbeiten und Deckenfresken in der Kirche schuf, zog erst 1705 nach Miesbach. Er heiratete eine Kammerzofe der Gräfin und lebte bis 1715 als Bürger dort. Der Markt Miesbach gehörte Ende des 17. Jahrhunderts den Grafen von Maxlrain. Gegen den Willen des regierenden Grafen beteiligte sich eine Abordnung von Miesbachern am Aufstand und marschierten mit in die »Sendlinger Mordweihnacht«. Acht von ihnen fanden den Tod. Am Miesbacher Stadtplatz wurde 1905 aus Anlass der 200-Jahr-Gedenkfeier an die »Sendlinger Mordweihnacht« der Michaelsbrunnen aufgestellt.

Würden die Indizien stimmen und Balthasar Riesenberger tatsächlich als Haberermeister im Geheimbund der Haberer gewirkt haben, dann lohnt sich noch ein Schwenk in die Kirchgasse. An der Hochlaube des Hauses Nr. 8 ist das Habererbild interessant, ein Fresko von Ludwig Siekmeyer (1937). So könnte er als Haberermeister gewirkt haben. Ein Shitstorm mit Mistgabeln – das war das Tun der Haberer. Es heißt, die Haberer seien erst mit der Besetzung Bayerns infolge des Spanischen Erbfolgekriegs aufgekommen. Da unter der Militäradministration weder Recht noch Gesetz galt, griff man in einigen ländlichen Landstrichen – vor allem im Oberland – zur Selbsthilfe und bestrafte Übeltäter und Gesetzesbrecher nach der »Vorväter Sitte und Brauch«. Femegericht, Rügegericht, Selbstjustiz gehörten zu ihrem Tun. Heutzutage hält der Verein D'Haberer die Tradition dieser einmaligen Gerichtsbarkeit mit netten Festen und strengen Verserl lebendig.

www.haberer-miesbach.de

Gotzing

Das Gasthaus »Gotzinger Trommel« in Gotzing ist auf alle Fälle einen Besuch wert. »Lieber bairisch sterben als kaiserlich verderben«, ist auf der Trommel zu lesen, auf die der Name des Gasthauses zurückgeht. Die Trommel selbst steht im Heimatmuseum in Miesbach und wurde vermutlich in der Send-

Der neobarocke Michaelsbrunnen in Miesbach von Bildhauer Bernhard Bleeker.

linger Bauernschlacht in der Weihnachtsnacht 1705 von den Oberlandler Bauern vorangetragen. Nach der Niederlage brachte der Linnererbauer, der gleich hier in der Nähe lebte, die Trommel zurück mit nach Gotzing. Heute ist das Wirtshaus eine Bastion des bairischen Dialekts. Wirt Hans Triebel legt Wert auf eine bairische Speiskartn – ohne Übersetzung, versteht sich. Aber die Küche stimmt!

Gasthaus Gotzinger Tromel | Gotzing 1 | 83629 Weyarn | tel 08020 1728
www.gotzinger-trommel.de

In die Decke der Trommel ist der Spruch eingraviert: »Lieber bairisch sterbn// Als wie kaiserlich verderbn.//Zur Erinnerung//an die Christnacht im Jahre 1705//als diese Tromel zum Kampfe// rief.«

Waakirchen

Hier ist der »Bayerische Löwe« daheim. Das »Oberländerdenkmal« zur Erinnerung an die Sendlinger Mordweihnacht steht seit 1905 und hat sich zum Mittelpunkt der Gemeinde entwickelt. Geschaffen wurde der mächtige Löwe vom Künstler Hygin Kiene (1853–1928), der unter anderem auch das Münchner Kindl auf dem Rathausdach in der Landeshauptstadt modelliert hat. Ferdinand von Miller (1813–1887) spendete das Modell für die Skulptur. Den Sockel setzten die Steinmetzmeister Joseph Wackersberger aus Tegernsee und Johann Kirchmaier aus Bad Tölz. Der Löwe, aus Kostengründen aus Kupfer getrieben, schaut grimmig Richtung Sendling. Hier zu seinen Füßen findet alljährlich am Heiligabend der Gedenkaufzug der Gebirgsschützenkompanien statt.

Quer gegenüber erinnert eine Tafel am ersten Haus auf der rechten Seite daran, dass der Schmied von Kochel als Balthasar Mayr 1644 hier das Licht der Welt erblickt habe. Wer darüber nachsinnieren möchte: Ein kleiner Stop im »Christlwirt« bei einem frischen Bier und guten Essen empfiehlt sich. Dahinter ist der alte Kirchfriedhof von St. Martin. Die Kirche selbst ist eine typisch bayerische Landkirche vom Beginn des 18. Jahrhunderts, erstmalig erwähnt aber wurde sie bereits 1163.

Glasfenster in der Kirche St. Martin in Waakirchen. Es zeigt einen Waakirchner, der in München bei der Sendlinger Mordweihnacht durch die Hilfe der Muttergottes überlebt.

Bad Tölz

Die Leonhardikapelle auf dem Kalvarienberg in Bad Tölz ist heutzutage eher berühmt, weil sie Mittelpunkt der berühmten Tölzer Leonhardifahrt ist. Sie ist aber »Votivstiftung«, also aus Dank gebaut, von Bürgern und Zimmerleuten, die die Schlacht der Sendlinger Mordweihnacht 1705 überlebt haben. Erst nach Abzug der Besatzer und der Rückkehr des Kurfürsten Max Emanuel wurde sie im Jahr 1718 errichtet und sechs Jahre später geweiht.

Leonhardikapelle in Bad Tölz.

Kochel am See

Eine Heimat hat der Schmied auf jeden Fall in Kochel am See gefunden, mag er nun gelebt haben oder nicht. Verbrieft ist er für Kochel allerdings genauso wenig, wie für die anderen Orte. Ein zu jener Zeit tatsächlich in Kochel tätiger Schmied hieß Georg Heinrici und verstarb erst um 1720. Aber in Kochel war der Held über Jahrzehnte sehr lebendig, da die Kocheler früh mit Theaterfestspielen an ihn erinnerten. Früher oft, gibt es heute nur noch in unregelmäßigen Zeitabständen die »Schmied-von-Kochel-Festspiele«. Das große Gasthaus, mit dem prominenten Namen des Helden, ist etwas in die Jahre gekommen. Alljährlich findet an Mariä Himmelfahrt, dem 15. August, der Kocheler Heimattag statt. Beim Festzug gehen die Kocheler Gebirgsschützen mit der berühmten Fahne mit. Außerdem gibt es natürlich ein imposantes Denkmal für den Helden mitten im Zentrum, geschaffen von Anton Kaindl, 1900 eingeweiht. Zwei Abstecher, die zwar nichts mit dem Nationalhelden zu tun haben, aber wenn man schon in dieser Gegend ist absolut lohnend sind: das Franz Marc Museum und das Walchenseekraftwerk mit einem eigenen Museum und der Möglichkeit zu Führungen.

Franz Marc Museum | Mittenwalder Straße 50 | 82431 Kochel am See | tel 08851 / 924880 | www.franz-marc-museum.de/

Walchensee Museum | Urfeld 4 | 82432 Urfeld | tel 089 / 92860092 | www.walchenseemuseum.de/unser-museum/das-walchensee-museum.html

Das Schmied-von-Kochel-Denkmal vor dem Gasthof »Zur Post« in Kochel am See.

München

In der Landeshauptstadt kann man auf den letzten Spuren des Schmieds von Kochel wandeln. Anlaufpunkt ist vor allem die Alte Sendlinger Kirche St. Margaret. Am Eingangsportal erinnert ein großes Fresko an die »Sendlinger Mordweihnacht« (siehe S. 111). Zentrale Figur im Bild von Wilhelm Lindenschmit dem Älteren ist der Schmied von Kochel mit der Fahne in der Faust. Das Gemälde entstand 1830, also mehr als 100 Jahre nach der Schlacht. Bedeutsam ist der Kirchhof von St. Margaret, denn hier wurde eine große Zahl Aufständischer niedergemetzelt. Einige der Opfer sind in Massengräbern begraben, an sie erinnert ein Denkmal. Mehrere 100 Tote fanden ihre letzte Ruhestätte auf dem Alten Südfriedhof, den es auf jeden Fall zu besuchen lohnt. Es ist einer der ältesten und schönsten in München und es gibt hier jede Menge Prominenz zu entdecken. Gegenüber der Kirche, an der Einmündung der Lindwurm- in die Plinganserstraße, steht das Schmied-von-Kochel-Denkmal des Bildhauers Carl Ebbinghaus. Das Monument mit Brunnen wurde 1911 vom Prinzregenten Luitpold eingeweiht. Heute steht es ziemlich vergessen am Sendlinger Berg im tosenden Verkehr. Viele Straßennamen um die Kirche herum erinnern an die wahren, historischen Köpfe, die den Aufstand planten: den Ober-

Schmied-von-Kochel-Denkmal in München-Sendling.

Das Denkmal zur Erinnerung der Opfer der »Sendlinger Bauernschlacht« am Alten Südfriedhof in München.

pfälzer Matthias Ägidius Fuchs und den aus Niederbayern stammenden Georg Sebastian Plinganser. Sie waren nachgewiesenermaßen maßgeblich an der Mobilisierung der Massen beteiligt. Von ihnen blieb kein Denkmal – das Erinnern an die geistigen Väter des Aufstands wäre wohl zu gefährlich gewesen. Am End hätte noch einer es denen nachtun wollen. Da bleibt der nebulöse Held, der für Bayern untergeht, ein besseres Beispiel für wahre Heimatliebe.

Stadtpfarrkirche St. Margaret | Margaretenplatz 1 | 81373 München
Alter Südfriedhof München | Thalkirchner Straße 17 | 80337 München

Aidenbach im niederbayerischen Klosterwinkel

Alle zwei Jahre erinnert man in Aidenbach (Landkreis Passau) mit einem historischen Freilichtspiel an die Schlacht im eisigen Winter 1705/06. An die 150 Bürgerinnen und Bürger aus Aidenbach und Umgebung bewahren mit dem historischen, vielfach preisgekrönten Freilichtspiel »Lieber bairisch sterben ... Aidenbach 1706« von Peter Klewitz das Andenken an dieses schreckliche Ereignis. Dabei lassen sie – historisch gewandet – in Massenszenen mit Pferden, Feuer und Pulverdampf auf vier durch Übergänge und Treppen verbundenen Bühnen den Verzweiflungskampf der Bauern lebendig werden, bei dem am Ende der »Schwarze Bauer« mit der Sense die Oberhand gewinnt. Selbstverständlich gibt es auch einen großen historischen Handwerker- und Bauernmarkt auf dem Freigelände, mit Gauklern, Musik und allerhand Schmankerln.

Zusätzlich erinnert der Markt Aidenbach mit zwei Denkmälern am Handlberg und am Reschendobl an die historischen Ereignisse.

Mit der »Aidenbacher Bauernschlacht« am 8. Januar 1706 nahm der wenige Tage zuvor schon in München-Sendling grausam niedergeschlagene bayerische Volksaufstand gegen die kaiserliche Besatzungsmacht ein endgültiges Ende. 4000 Bauern und Handwerker aus dem Unterland starben von habsburgischer Soldatenhand.

Seit 2017 hat der geschnitzte Schmied von Kochel aus Waakirchen (siehe S. 106) in Aidenbach seine Heimat gefunden. Der Held wurde quasi an eine neue Dienststelle versetzt. Mit den »Aidenbacher Festspielen« würde der größere Geschichtsbogen geschlagen und es sei auch ein Dokumentationszentrum über den bayerischen Volksaufstand von 1705 / 1706 in Aidenbach geplant, berichtet die Lokalpresse über diesen »Umzug«. Die Geschichte um den Schmied von Kochel geht also weiter.

www.freilichtspiel.de

Soldaten im historischen Aidenbacher Freilichtspiel über die Bauernschlacht von 1706.

Zu Besuch beim Brandner Kaspar [35]

Er ist im Tegernseer Tal daheim, doch das wissen nur wenige. Sonst, so könnte man annehmen, weiß in Bayern wohl jedes Kind, wer er ist: der Brandner Kaspar. Obwohl mit reicher Vielfalt seine Geschichte seit mehr als einem Jahrhundert erzählt wird und er so höchst lebendig scheint, ist er nur eine literarische Figur. Sein Erfinder war Ritter Franz von Kobell. Er schildert in seiner Novelle von 1871 den Brandner Kaspar als einen lebensfrohen, pfiffigen Mann. Es mag ein Versprechen sein, dass es im Himmel schön zugeht. Aber wer weiß, vielleicht wär's ja auch nur ein leidiger Versprecher? Der Umgang des Brandners mit dem Tod ist respektlos und durchtrieben. Als echter Bayer bleibt er lieber daheim, dort wo er hingehört. Dem Kaspar ist es so paradiesisch schön in seinem Häusl am Alpbach, oberhalb vom Tegernsee, dass er nicht einfach nach droben ins himmlische Paradies wechseln mag. Denn hier unten gibts Kerschgeist und Kirtanudeln, hier kann man karteln und selbst dem Tod das Leben lieben lehren.

Der Tegernsee.

Die Gegend

Landschaftlich ist das Tegernseer Tal eine Perle am Nordrand der Alpen. Nirgendwo sonst in Bayern sind sich Berg und See so nah und das Tal doch mit lieblicher Weite geprägt. Ein Kranz voralpiner Berge zieht sich um den See. Der Tegernsee liegt der Landeshauptstadt München nah und fern genug. Gehört die Region heute zur »Europäischen Metropolregion München«, so war es auch früher schon immer gut für die Stadterer erreichbar. Der bayerische König brauchte zu Beginn des 19. Jahrhunderts etwas über 15 Stunden mit der Kutsche von der Münchner Residenz zum Tegernseer Schloss. Heute fährt der Tagesausflügler in 55 Minuten mit der Bayerischen Oberlandbahn vom Hauptbahnhof München bis zum Bahnhof Tegernsee. Autofahrer können sich aber an einem schönen Sonntag durchaus an die Fahrzeiten des Königs heranstauen.

Dass das Tegernseer Tal bis heute von einem eigenen Nimbus umgeben ist, liegt nicht nur an den Reichen und Schönen, die sich um den See ihren Blick mit Haus zu fantastischen Preisen kaufen. Was immer wieder in den bunten Gazetten zu lesen ist, hat hier eigentlich schon lange Geschichte. Bereits die Gründung des Klosters und Ortes Tegernsee durch die beiden Brüder Adalbert und Ottkar könnte man, will man es etwas nassforsch formulieren, als erste VIP-Niederlassung bezeichnen. Die beiden kommen der Legende nach 746 an den See und waren wohl Königskinder, zumindest entstammten sie dem Hochadel am Hofe Karl Martells. Auf Grund familiärer Verwicklungen mit Mord und Totschlag fliehen sie in die Lande ihrer Großmutter Swanahilde, einer bayerischen Prinzessin. Hier gründen sie das Kloster Tegernsee. Es wird eines der mächtigsten Benediktinerklöster Bayerns, die Kirche ist bereits um das Jahr 1000 in ihren heutigen Abmessungen gebaut. Weil die Mönche für ihre Schreibstube berühmt sind, kommt die Prominenz aus Adel und Kirche zu Besuch. Das bleibt im Kern so bis zur Säkularisation 1803. Als der damalige Herzog von Bayern, Maximilian IV., im Jahr 1799 die Regentschaft antritt, braucht er Geld fürs Kriegführen. Darum beschließt man, die Klöster zu enteignen und deren Besitztümer für den Cash-Flow zu liquidieren. 1806 wird Maximilian dank dem Franzosen Napoleon Bonaparte zum ersten König Bayerns und firmiert ab da unter dem Namen Max I. Joseph von Bayern. Er ist ein schlauer Stratege. Seinen Sohn verheiratet er mit der Prinzessin Therese, die eigentlich Napoleon für sich selbst im Auge hatte.

Die Hochzeit des Kronprinzen, dem späteren König Ludwig I., begründet das weltberühmte Münchner Oktoberfest.

Max I. Joseph ist es, der das Dorf am See mit dem Kauf des Klosters – gezahlt »aus eigener Tasche« – quasi als Geschenk für seine Frau Königin Caroline zu neuer Blüte führte. Und, nun kommts, warum dieser Geschichtsausflug wichtig ist: Er bringt seinen Hofstaat mit an den See und dieses Gefolge trägt dann eine ganze Menge »typisch Bayerisches« in die Welt. Der König veranlasst als eine Art Wirtschaftsförderungsprogramm des heruntergekommenen Klosterdorfes, dass man die Handwerker im Tal beschäftigen solle. Der Hofstaat solle bei längerem Aufenthalt lokale Kleidung tragen, war ein Wunsch. So ziehen die Damen das Dirndlgwand der Bauerndirndl an und dieses zieht mit ihnen in die Stadt und wird hoffähig. Die Lederhose mausert sich zur Einheitskleidung der Jäger und Förster, die adeligen Herren werfen sich im Sommer auch in die Kurze. Die Maler pinseln nicht mehr nur im Atelier große Heldentableaus, sondern zeigen lichte Landschaft von Berg

König Maximilian I. Joseph mit den Töchtern Marie und Sophie am Pflüglhof oberhalb des Tegernsees, Gemälde von Lorenz Quaglio, 1838.

und Tal, durch das sie mit ihren portablen Staffeleien pirschen. Die Dichter beschreiben die liebliche Gegend mit dem natürlichen Leben der Bauern, erzählen von einem paradiesischen Leben im Tegernseer Tal. Manch einer davon, wie der Mundartdichter Karl Stieler, reist bis nach Helgoland, nach Norddeutschland und an die Ostsee und hält Vorträge, wie das »junge« Bayern aussehe. Freilich sah es aus, wie das Tegernseer Tal.

Die prominenteste und bis heute wirkmächtigste Story ist »Die G'schicht vom Brandner Kaspar«. Denn das Leben in Bayern ist so schön, dass ein echter Bayer deshalb nicht einmal ins Paradies wechseln will. Und falls der Mensch doch einmal vom Tod geholt werden muss, dann nur, wenn er im bayerischen Himmel bestimmt glücklichen Einzug hält.

Der Autor

Franz Ritter von Kobell (geb. 19. Juli 1803 in München, gest. 11. November 1882 in München) war Tausendsassa, Wissenschaftler, Dichter und eine Frohnatur. Einige der späteren, bekannten Dichter wie Ludwig Ganghofer, Karl Stieler oder Ludwig Thoma begegneten ihm noch. Ende des 19. Jahrhunderts wird das Tegernseer Tal in den Sommermonaten zum Treffpunkt der Gesellschaft. Was sie da tat, würde man heute »netzwerken« nennen. Damals war Urlaub etwas, das es nur für die Upperclass gab. Freizeit, wie wir sie heute kennen, entsteht erst nach dem Ersten Weltkrieg mit der Arbeiterbewegung. Zuvor verlustierten sich nur die gehobenen Damen bei Ratsch und Tratsch mit Kuren im Wildbad Kreuth und die Herren auf der Jagd. Franz von Kobell war wohl ein großartiger Jäger. Sein wichtigstes Buch dürfte trotz aller Prominenz des »Brander Kaspars« der »Wildanger« sein, ein Buch zu Jagd und Hege und Pflege des Wildes. Es war über Jahr-

Franz von Kobell, Stahlstich von Adolf Neumann, nach einer Fotografie von Franz Hanfstaengl, 1857.

zehnte für bayerische Jäger ein erfolgreiches Lehrbuch. Aber auch als Wissenschaftler, der immerhin Mitglied der Bayerischen Akademie der Wissenschaften war, wird von Kobell heute kaum noch erwähnt.

Für die Zeitgenossen war er ein »lustig Männlein«

Ludwig Ganghofer (geb. 7. Juli 1855 in Kaufbeuren, gest. 24. Juli 1920 in Tegernsee) beschreibt ihn als »lebensklugen Alten mit schönen frohen Augen«. Er war ihm wohl mehrmals begegnet und berichtet im »Lebenslauf eines Optimisten« von solch einem Zusammentreffen beim Scheibenschießen:

> »Unter den Schützen war einer, dem mein besonderes Interesse gehörte, so oft er den Stand betrat und die schwere Feuerbüchse hob. Ein feines, altes Männchen. Schon weißköpfig, mit mehlgrauem Backenbart und Schnauzer. Den grünen Jägerhut mit der Spielhahnfeder übers rechte Ohr gezogen, damit die Sonne beim Zielen dieses klare, schöne, jung gebliebene und heiter blitzende Auge nicht blenden sollte. Das schlanke, alterszarte Mannsfigürchen stak in weiten, grauen Hosen mit grünen Streifen und einer Miesbacher Joppe, deren Rückenteil durch eine Quetschfalte hochgezogen war und vom Körper weg einen straffen Winkel machte. In dem durchgeistigten Gesicht dieses heiteren Greises war ein Mund, den man immer ansehen musste. Wenn er in seiner fröhlich ruhigen Weise sprach, wurden die anderen still und horchten. Und wenn der Greis vor die Scheibe trat, war immer ein Gedränge von neugierigen und erwartungsvollen Schützen um den Stand herum. Der Alte schoss nicht schlecht, obwohl seine Hände schon ein bisschen müd und zittrig waren. Häufig musste er den schweren Stutzen absetzen und nochmals Atem schöpfen. Nun trat er wieder an den Stand. Der Schuss krachte. Während der greise Schütze das rauchende Feuerrohr sinken ließ, sagte er schmunzelnd: ›Der moan i, kunnt steckn.‹
> Draußen wirbelte ein Spitzhut in die Luft, ein Juhgeschrei erklang und die zum Himmel gerichteten Beine des Zielers zappelten vor der Scheibe. ›Gelt in aller Mittn steckt er?‹ Ein fideles Geschrei um den Stand herum. Und als der Alte sich umdrehte, rief der Forstmeister: ›No also, es geht ja allweil sauber hin!‹

›Warum soll's net?‹
›Weil's a diamal schon a bißl wackelt!‹
›Macht nix!‹ Und lachend das Hütel rückend sprach der Weißkopf dieses Wort, das mir unvergeßlich geblieben ist: ›Wackelt's aussi, wackelt's eini aa!‹ [...] Und wer dieses Sprichwort münzte? Wer dieser lebenskluge Alte mit den schönen, frohen Augen war?
Der Dichter Franz von Kobell.« [36]

Der Reiseschriftsteller und Dichter Karl Stieler (geb. 15. Dezember 1842, gest. 12. April 1885, München) charakterisierte ihn in einem Gedicht:

»Und allweil freut's mi', wenn i 'n siech:
Sei' Joppn halbet offen;
Wenn koaner auf der Jagd was trifft,
Der hat sein Gamsbock 'troffen.«[37]

Und Ludwig Thoma erinnert sich: »Bei einem dieser Frühschoppen zeigte mir mein Onkel einmal einen alten Herrn, der aussah wie ein Oberförster aus der Jachenau oder vom Königssee. ›Das ist der Kobell‹, sagte mein Onkel. ›Und jetzt hast amal an bayerischen Dichter g'sehn.‹«[38] Offenbar eine beeindruckende Erfahrung für den Jungen, der später selbst lange Zeit als Nationaldichter Bayerns verehrt wurde.

Eine Zeitgenossin, Rosalie Braun-Artaria (geb. 16. August 1840 in Mannheim, gest. September 1918 in Schlederloh) war Redakteurin der Zeitschrift »Gartenlaube«. Auch sie beschreibt Franz von Kobell mit seiner Miesbacher Lodenjoppe. »Sie war sein ständiges Gewand – nie sah man ihn – auch in Gesellschaft nicht – in einem anderen. Es geht die Sage von einem Frack, den er besitzen sollte, aber gesehen hat diesen von uns niemand.« Und weiter heißt es »Sein grundoriginelles Wesen, der schlagende Humor, mit dem er seine altbayerischen Unumwundenheiten vorbrachte und dabei noch die feine Empfindung, die oft aus seinen Worten sprach, wie sie auch seine Dialektdichtungen durchzieht – alles das machte uns den prächtigen Mann sehr wert.«

Er war Zeitgenosse der ersten vier bayerischen Könige

Die Biografie des Dichters ist interessant zu betrachten, verkörpert sich darin bayerische Geschichte der »guten alten Zeit«. Franz von Kobell ist derjenige der bayerischen Dichter, der tatsächlich unter den ersten vier Königen von Bayern agiert und in ihrer Gunst steht. Während die Könige dem Land ein gemeinsames Nationalgefühl zu geben suchen, ist von Kobell dabei, involviert bei der Gestaltung und infiltriert vom Zeitgeist. Nach Kriegen und Besatzungszeiten im 18. Jahrhundert kehrt in Bayern etwas Ruhe ein.

Als Kind prägt ihn die Beziehung seines Vaters zum Hof und dem Regenten König Max I. Joseph. Er profitiert von der Nähe zu König Ludwig I., mit König Max II. ist er befreundet. Auch König Ludwig II. schätzt ihn, obwohl Kobell da zurückhaltender bleibt. Es mag dem Generationenunterschied geschuldet sein.

Im Auftrag von König Maximilian II. hat Franz von Kobell die Sammlung »Oberbayerische Lieder« zusammengestellt. Herzog Max, der bis heute als Vater von Sissi, also der Kaiserin Elisabeth von Österreich, bekannt ist, hat den Auftrag wohl vermittelt. Er und Franz von Kobell waren ausgezeichnete Zitherspieler. Mit Prinz Carl, dem Erben des Tegernseer Schlosses, befreundet, geht er regelmäßig auf die Jagd in den Bergen zwischen dem Tal und dem benachbarten Schliersee. »Ein erklärter Feind jeder Schmeichelei und Heuchelei, verleugnete er auch im Verkehr mit Höherstehenden, selbst mit fürstlichen Personen, seine offene, gerade Natur nicht«, schreibt sein Biograf Alois Dreyer. Franz von Kobells Tochter Luise erinnert sich in ihrem Buch »Unter den vier ersten Köni-

Herzog-Max Zither spielend, im Hintergrund das Jagdschloss Unterwittelsbach, Lithografie von Johann Wölffle, um 1840/50.

gen Bayerns. Nach Briefen und eigenen Erinnerungen« von 1894, wie sehr der Vater manchmal mit dieser legeren Art die prüden Damen am Hof verärgerte. Sie nannten ihn wegen seiner vielen Scherze »Hoftiroler«. Er hatte für die Gemütlichkeit zeitlebens viel übrig und war kein typischer »Von«, nannte sich selbst »Kobl« nicht »von Kobell«.

Familie von Kobell in der Pflicht Bayerns

Franz von Kobell entstammt einer pfälzischen Beamten- und Künstlerfamilie. Mit dem Umzug des Hofs von Mannheim nach München kommt die Familie nach Bayern. Der Vater ist bayerischer Ministerialbeamter und Geheimrat, die Mutter Tochter eines Hofkammerrats. Schon früh ist sein Talent zum Schreiben und Fabulieren erkennbar, der Vater aber dringt auf einen »ordentlichen« Beruf. Nach dem Abitur am heute noch bestehenden Münchner Wilhelmsgymnasium studiert Franz erst Jura in Landshut, dann Mineralogie. Bereits mit 21 Jahren hat er seinen Doktortitel in der Tasche, im Alter von 31 Jahren ist er ordentlicher Professor an der frisch etablierten Münchner Universität. Darauf wird er zum »Conservator der mineralogischen Staatssammlungen« ernannt. Er reist mit der Bayerischen Königsgesandtschaft des Wittelsbachers Otto nach Griechenland und kehrt – weil er so sehr an Heimweh leidet – nach nur vier Monaten Mitte November 1834 über Sizilien und Italien nach Hause zurück.

Kobell ist verheiratet mit seiner Cousine Karoline. Die Ehe soll, so schreibt die Tochter, harmonisch gewesen sein. Sein Schwiegervater, Egid von Kobell, bringt ihn erstmals an den Tegernsee. In der Rottach-Egerner Fürstenstraße hat er ein »Sommerhäusel«. In der Chronik von Rottach-Egern heißt es: »1822 waren Egid von Kobell, Franz und Sebastian die ersten Sommergäste in Rottach.« Die Familie ist somit wohl eine der ersten »Zweitwohnsitzler«, die den Tegernsee bis heute prägen. Man kommt regelmäßig ins Tal, die Sehnsucht nach Natur und Natürlichkeit ist groß. In seinem Arbeitszimmer in München, so beschreibt Luise von Kobell, stand in jeder Ecke ein frischer Tannenbaum und Maiglöckchen sowie Wiesenblumen.

Wissenschaftler am Beginn der Industrialisierung

Als Mineraloge macht sich Franz von Kobell mit Lehrbüchern und der Entdeckung neuer Gesteinsarten einen Namen. Das Kobellit, ein Wismut-Antimon-Bleierz, wird nach ihm benannt. Daneben gelingen ihm zusammen mit Carl August von Steinheil Entdeckungen auf dem Gebiet der Fotografie. Und zwar unabhängig von Louis Daguerre in Frankreich. 1839 fotografieren sie mit einer von Steinheil entwickelten Camera obscura die Glyptothek und die Münchner Frauenkirche. Kobell führt dabei Silberchloridpapier zur Fixierung von Lichtbildern ein und schafft damit den Prototyp eines für lange Zeit üblichen fotochemischen Verfahrens, das – salopp formuliert – erst mit der Erfindung der Handy-Fotografie im 21. Jahrhundert an Bedeutung verliert.

Das erste Foto der Münchner Frauenkirche,
Daguerreotypie von Franz von Kobell und Carl August von Steinheil, 1839.

Franz von Kobell ist ein geschätztes Mitglied in einflussreichen Zirkeln der Münchner Oberschicht und gehört als ständiger Gast den berühmten Symposien König Max II. an. Der König wäre viel lieber Wissenschaftler statt Regent geworden. Er bemüht sich um Forschung und gründet Akademien. Franz von Kobell gehört zu dessen, wie der Volksmund es nannte, »gelehrten Rittern der königlichen Tafelrunde«.

Wissenschaft ist zu jener Zeit nicht das, wie sie heute definiert wird. Es geht mehr um ein Studium generale, als um Detailforschung. Es gibt längst noch nicht so viele Erkenntnisse zu jener Zeit. Die Universität wird in München gerade erst geschaffen und der Lehrkörper neu gegliedert. Viele derer, die sich heute als Dichter und Denker, Forscher und Professoren in den Geschichtsbüchern tummeln, sind damals einfach Mitglieder einer Gesellschaft im Aufbau. Die Münchner Residenz und Universität sind quasi ein einziges Start-up-Unternehmen, zu dem König Ludwig I. die richtigen Weichen

Der Himmel gehört der Bildung: Schon zu Lebzeiten ließ Franz von Kobell seinen Freund Franz von Pocci skizzieren, wie beim Portner Einlass zu erbitten ist. Von links nach rechts, oben: Friedrich Beck, Friedrich Bodenstedt, Franz Dingelstedt, Emanuel Geibel, Wilhelm Kaulbach; untere Reihe: Ernst Förster, Ernst von Lassaulx, Franz Pocci.

stellt. Gleichwohl ist die Rasanz der Entwicklungen der Vormoderne auch schon bedrohlich. König Ludwig I. sorgt sich um sein Land. Er sieht seine Bevölkerung durch Industrie verarmen und warnt davor, dass der Mensch nicht nur den Maschinen dienen dürfe. Damit würde er sich von der Natur entfernen. Die Zeichen der Industrialisierung künden einen Zivilisationsumbruch an. Ein ebenso bedrohliches Szenario vergleichbar mit der heutigen Digitalisierung und Globalisierung der Welt. Davon ist im »Brandner Kasper« nicht die Rede. Bei ihm ist die Welt zwar hart, aber letztlich bleibt das Leben naturverbunden und schön.

Als König Max II. überraschend stirbt, fällt Franz von Kobell in tiefe Trauer. Er selbst ist zu der Zeit 68 Jahre alt. Die »G'schicht' von' Brandner-Kasper« erscheint als Ergebnis eines Prozesses, in dem sich Franz von Kobell mit dem Tod literarisch auseinandersetzt. Die Figur ist einerseits »Melancholieaustreiber«, wie es in der Literatur immer wieder heißt. Andererseits stellt Kobell durch seine Forschungen für die Volksdichtung, angeregt durch Diskussionen in der Historischen Kommission bei der Bayerischen Akademie Überlegungen an, inwieweit es einen Zusammenhang von Landschaften und Volkscharakter gibt und ob dieser sich im Wort oder Ausdruck im Dialekt bemerkbar macht. Dass dem so sein könnte, legt er in einer Vorlesung unter dem Titel »Charakteristika oberbayerischer und verwandter Dialekt-Poesie« im Jahr 1866 dar. Er bringt den gesamten Lebensraum inklusive der Landschaft in Beziehung zur Volksseele einer Region. Diese präge sich nach seiner Meinung in Wesen, Sprache und Volksmusik aus. Franz von Kobell nennt es »Geopsyche«[39]. In logischer Konsequenz zu dieser Auffassung steht der Brandner Kaspar: wenn die Seele Heimat hat, die Geopsyche ihr passendes energetisches Feld erlebt, ist das dem Paradies schon nahe. Diese Auffassung wurde zwar nie weiter wissenschaftlich diskutiert, es hat allerdings die stimmige Figur des Brandner Kaspars eine Art volkstümliches Eigenleben entwickelt.

Durch die zahlreichen späteren Fassungen hat sich die Geschichte zu so etwas wie ein bayerisches Nationalepos verwandelt. Sie brachte ihrem Autor Anerkennung und die Hauptfigur, der Brandner Kaspar, wandelte sich zur mythischen Figur.

Die ganze Gschicht

Der Kasper Brandner, bereits den 74. Geburtstag hinter sich, lebt als Schlosser, Büchsenmacher und Jagdgehilfe am Tegernsee. Seine Frau Traudl ist verstorben, seine beiden Söhne dienen als Soldaten in einem bayerischen Artillerieregiment. An einem Abend erscheint bei ihm der Boandlkramer[40], so nennt man im Bairischen den Tod. Er will ihn mit sich nehmen. Es gelingt dem Brandner, ihn mit Kerschgeist betrunken zu machen und beim Kartenspiel die Zusage abzugaunern, ihn erst mit 90 Jahren zu holen. Erst fällt das Fehlen des Büchsenmachers nicht auf, aber einige Jahre später verunglückt die Sennerin von der Gindelalm. Sie kennt den Brandner Kasper und als sie in den Himmel kommt und nach ihm fragt, fliegt die Sache auf. Auf Befehl des Heiligen Petrus, des Portners, muss der Boandlkramer wieder an den Tegernsee, um den Brandner Kasper abzuholen. Inzwischen sind schlechte Zeiten angebrochen, seine Söhne sind in der Schlacht am Berg Isel gefallen. Dennoch will er dem Tod nicht folgen. Er lässt sich nur dazu überreden, einmal einen kurzen Blick ins Paradies zu werfen. Oben angekommen, wird er vom Portner zu seinen Söhnen, seiner Frau und anderen Verwandten geführt. Die Freude über das Wiedersehen und das Erstaunen über die Herrlichkeit des Paradieses sind so groß, dass der Brandner beschließt, dort oben zu bleiben.

Die Rezeption

1871 erscheint »Die G'schicht' von' Brandner-Kasper oder das Spiel ums Leben« als Abdruck in den »Fliegenden Blättern«. Namhafte Künstler wie Wilhelm Busch, Franz Graf von Pocci oder Moritz Schwind arbeiten für den Münchner Verlag Braun & Schneider, bei dem die erfolgreiche humoristische Wochenzeitschrift erscheint. Franz von Kobell ist selbst 68 Jahre alt, als er die Erzählung im oberbairischen Dialekt schreibt. Es ist eine Zeit des Umbruchs: Mit dem Ende der Regentschaft von König Max II. kommt auch das Ende der Vormoderne. Es tobt der Deutsch-Französische Krieg (1870 / 71), die bayerischen Truppen nehmen an der Belagerung von Paris teil, über 5000 bayerische Soldaten fallen während des Kriegs.

Es ist anzunehmen, dass Franz von Kobell als Mitglied einer Ministerialenfamilie am politischen Geschehen teilnimmt. Sein Schwiegersohn ist im-

9. Bestellungen werden in allen Buch- und Kunsthandlungen, sowie von allen Postämtern und Zeitungsexpeditionen angenommen. **No. 1363.** Erscheinen wöchentlich ein Mal. Subscriptionspreis für den Band von 26 Nummern 3 fl. 54 kr. od. 2 Rthlr. 5 Sgr. Einzelne Nummern 9 kr. od. 2½ Sgr. LV. Bd.

Die G'schicht' von' Brandner-Kasper.

(Oberbayerisch.)

Von Fr. v. Kobell.

1.

Der Brandner-Kasper is a' Schlosser g'west und hat bei Tegernsee a' kloa's Häusl g'habt, hübsch hoch ob'n a'm Albach, wo mar auf Schliersee 'nübergeht. Da hat er g'haust mit sein' Wei', die Traudl g'hoaß'n hat und mit seini zwoa Buab'n, mi'n Toni und mi'n Girgl; die san zeiti' Seldat'n wor'n und hamm in an' Artollerie-Regiment 'dient in' Land d'raußt. Der Kasper is a' fleißiger braver Mo' g'west und lusti' und schneidi. G'forcht'n hat er ihm vor gar nix und hat amal an' groß'n wininga Hund, der a' Dirn umg'rennt hat und hätt's z'riss'n, frei mit der Hand bei'n Krag'n 'packt und hat 'n a so an a' Mauer hi'g'worfa, daß er nimmer aufg'stand'n is und 'n Hagmoar vo' Scharling hat er sei' Raaffa und Spetallmacha bei der Meß' auf der Kaiserklaus'n aa vertrieb'n. Neb'n seiner Schlosserarbet hat er's Büchs'nmacha guat verstand'n und für d' Jaaga d' Stutz'n g'frischt und z'amm'g'richt, besser was a Büchs'nmacher in der Stadt. Is aa' 's Jag'n und 's Scheib'nschieß'n sei' größti Freud' g'west und hat auf d' letzt überall jaagern derfa, denn der Forstmoaster hat an ihm an' verlässinga Jagdg'hilf'n g'habt und der nix 'kost' hat. Wier er auf die Jahr kumma is, is sei' Traudl g'storb'n, hat 'n recht g'schmerzt, weil's gar a' guats und taugsams Wei' g'wes'n is und jetz' hat er halt alloa' für ihm a so furtg'lebt und no' in sein' fünfasieb'zigst'n Jahr hat ihm weiter nix g'feit an der G'sundheit und hat g'jaagert und g'schoss'n wier a' fufz'ger.

Jetz' sitzt er amal dahoam und hat ih'm an' Rechblatter z'ammg'richt und probirt, und überdem klopft's an der Thür. Denkt er, wer muaß denn da draußt sei', denn dees A'klopfa is bei'n ihm nit Brauch g'west und ruaft nacha: „No' eina!" Jetz' kimmt da an' elendiger Loda 'rei, zaundürr, daß er grad 'klappert hat und bloach und hohlauget, an' abscheuliga Kerl.

Der Kasper sagt: „Was geit's, was willst?"

Na' der ander': „Kasper, i' bi' der Boanlramer und ho' Di' frag'n woll'n, ob D' nit ebba mit mir geh' willst?"

Die »Fliegenden Blätter« erschienen von 1845 bis 1928 und waren eine reich illustrierte deutsche Wochenzeitschrift, in der namhafte Autoren und Künstler veröffentlichten.

merhin der Kabinettssekretär von König Ludwig II., also so etwas wie der persönliche Referent des Königs. Zudem gehört Franz von Kobell diversen Akademien an und schreibt lange Zeit schon Literatur in Mundart. Er spricht das Bairisch der Tegernseer und Schlierseer Gegend oder das Pfälzisch, das er vom Vater kennt. Gleichwohl sind seine Dichtungen, die er bislang veröffentlicht, zwar bekannt, aber nicht wirklich erfolgreich. Es sind sozusagen schriftstellerische Achtungserfolge. Aber er dürfte das Theaterstück »Gevatter Tod« (1855) von Graf Franz von Pocci und dessen Illustrationen »Totentanz« (1862) gekannt haben. Lange Zeit hat man angenommen, von Pocci habe auch den »Brandner« illustriert. Es ist aber nicht Franz von Pocci, der mit seiner Figur »Kasperl Larifari« bis heute als Kinderbuchklassiker berühmt ist. Es ist der Partenkirchner Maler Ferdinand Barth (1842–1892), der als Illustrator für die »Fliegenden Blätter« arbeitet und als Professor der Münchner Königlichen Kunstgewerbeschule wirkt, wie das Impressum der Originalausgabe verrät.

Bereits mit ihrem Erscheinen ist diese Erzählung, in der ein kreuzbraver Mann den Tod bscheißt, ein Riesenerfolg. Heute würde man von einem Bestseller sprechen. Die Geschichte wird immer wieder in den unterschiedlichsten Sammelwerken mitveröffentlicht. Die Tochter, Luise von Kobell, setzt mit ihren Erinnerungen und der Biografie zu ihrem Vater ein erstes Denkmal.

Der Weg auf die Bühne beginnt

1933 erscheint »Die Tegernseer im Himmel«, eine bäuerliche Spieloper in drei Akten nach der Erzählung von Kobells »Brandner-Kasper«. Das Stück stammt aus der Feder von Eduard Stemplinger, die Musik komponiert Gottfried Rüdinger. Stemplinger ist Direktor am humanistischen Gymnasium Rosenheim, nebenbei schreibt er für den erzkonservativen »Miesbacher Anzeiger«. Dennoch gerät er ins Visier der braunen Machthaber im nationalsozialistischen Deutschland. Als seine Wohnung in Rosenheim enteignet wird, zieht Stemplinger 1941 nach Elbach ins Leitzachtal um. Die Uraufführung seines Werks findet auf der Gmunder Bauernbühne unter der Leitung von Roman Riesch statt.

Roman Riesch, Schauspieler sowie ehemaliger Besitzer und Leiter der Rieschbühne, die zwischen 1926 und 1936 Südamerika bereist, flüchtet zu

Beginn des Zweiten Weltkriegs aus Deutschland. Seine neue Heimat wird Santa Cruz do Sul in Brasilien. Er überlebt von Restaurierungen, denn die Kirchenmalerei ist sein zweiter Beruf. In Briefen berichtet er immer wieder von seinen Theater- und Volksmusiktätigkeiten. Es geht im Briefwechsel aber vor allem um die Heimat, das Paradies, am Tegernsee daheim.

Fast zeitgleich veröffentlicht Joseph Maria Lutz[41] 1934 sein Theaterstück »Der Brandner Kaspar schaut ins Paradies«. Es wird in Dresden uraufgeführt.

Der Brander Kasper wird Kinoheld

1949 dreht Josef von Báky die Geschicht vom Brandner Kasper als Kinofilm ab. Die Hauptrollen spielen Carl Wery als Brandner Kaspar und Paul Hörbiger als Boandlkramer. In dieser Fassung ist der Kaspar ein Gebirgsjäger und obwohl schon 70 Jahre alt, denkt er nicht ans Lebensende. Als der Boandlkramer ihn holen will, wehrt er sich mit allen Mitteln und nach einigen Gläsern Schnaps lässt der Tod sich überreden, Brandner ein Jahr nach dem anderen zu schenken. 20 werden es am Ende insgesamt. Bald drauf wird Mena, eine junge Sennerin und gute Freundin Brandners, durch eine Kugel getötet, die eigentlich einen Wilderer treffen sollte. Als Petrus dabei entdeckt, dass Brandner noch lebt, stellt er den Tod zur Rede. Der gesteht sein Versagen und um seine Ehre zu retten, muss er auf die Erde zurück, um Brandner doch noch in den Himmel zu locken.

Das Drehbuch schreibt Erna Fentsch-Wery nach Motiven von Kobell und Lutz. Sie hat als versierte Dramatikerin dem epischen Stoff der Erzählung Neben- und Gegenhandlungen hinzugefügt und dies in so hervorragender Weise, dass hier zum ersten Mal die Umwelt des Brandner Kaspar in die Handlung einbezogen wird, die Menschen um ihn, die Welt um den Tegernsee. Die Natur, der Wald, die Berge und die Jägerei spielen mit. »In dieser realen bayrischen Welt erscheint die skurrile Figur des Boandlkramer doppelt seltsam und fremd. Die Sympathie der Zuschauer ist ganz auf Seiten des Brandner, der diese Welt um keinen Preis verlassen will, der als ein kerngesundes Mannsbild den Boandlkramer betrügen muss, weil das Recht auf Seiten des Lebens ist. Erna Fentsch hat auch den zweiten, großartigen und entscheidenden Einfall gehabt: Der Himmel der Bajuwaren sieht so aus wie das Land Bayern auf Erden. Unser Diesseits ist schon das Paradies!«[42], würdigt später Theaterautor Kurt Wilhelm den Film. Er schreibt »Der Brandner Kaspar und das ewig' Leben« als Theaterstück um. Seine Fassung von 1975 gilt heute schier als ein offizielles Dokument. Kurt Wilhelm ist der Urur-großneffe von Franz von Kobell. Er bezieht beim Schreiben Briefe seines Uronkels mit ein, übernimmt Gedichte und Sprache aus den Mundartstücken, verbindet Gstanzln, philosophische Betrachtungen über den Tod und das Jenseits, Zeit und Leben mit dem großen Ganzen. »So spricht überall, wo es nur irgend möglich war, der bayrische Klassiker Franz von Kobell mit seinen eigenen Worten«[43], resümiert er. Und als für die Fernsehaufzeichnung des Bayerischen Rundfunks der »Paradebayer« Gustl Bayrhammer den Petrus gibt, ist die Gschicht vom Brandner Kaspar auf ewig lebendig. Deutschlandweit bekannt geworden sein dürfte der große bayerische Volksschauspieler Bayrhammer durch seine Rolle als Meister Eder in den verfilmten »Pumuckl«-Geschichten und als ewig grantelnder »Tatort«-Kommissar Melchior Veigl. Münchner Theaterfreunde können bis heute die Besetzung der Rollen in dieser legendären Inszenierung fürs Bayerische Staatsschauspiel mit den Granden des bayerischen Volksschauspiels auswendig: Neben Gustl Bayrhammer wirken mit Heino Hallhuber als bairisch fluchender Erzengel Gabriel, Ludwig Schmid-Wildy als kartenspielender Stammtischbruder Thurmaier, Toni Berger als Boandlkramer und Fritz Straßner als Brandner Kaspar. Eigentlich sollten es nur 30 Aufführungen werden, der Erfolg wollte es dann anders. Seit 2005 läuft das Stück nun bis heute unter der Intendanz von Christian Stückl an der Münchner Volksbühne. Es ist ein wahres Spektakulum und fulminant umgesetzt, Volksmusikanten und Theaterspieler aus Riedering, einem kleinen Ort am oberbayerischen Simssee, öffnen den Blick in den bayerischen Himmel in echt bayerisch-barocker Lebensfreude. Das gesamte Sammelsurium und Inventar bayerischer Gemütlichkeit von »Ein Prosit der Gemütlichkeit« über einen »Münchner im Himmel«, Weißwürscht und »Dahoam is dahoam« wird zelebriert. Maximilian Brückner, inzwischen einer der prominentesten Schauspieler Deutschlands, gibt jetzt seit fast einem Jahrzehnt den Boandlkramer.

Sowohl vor 1975 als auch danach gibt es immer neue Adaptionen dieses Kobell-Stoffes. Anton Maly, österreichischer Autor, schreibt bereits in den 1950er-Jahren einen Roman. In Anlehnung an diese Maly-Bearbeitung führt die Gmundern Bauernbühne am Tegernsee unter der Regie von Manuela

Szene aus »Der Brandner Kaspar und das ewig' Leben« im Volkstheater München. Oben: Hubert Schmid.

Metz irdische Prominenz als himmlisches Kuratorium ein. Bürgermeister, Landrat und bekannte bayerische Volksschauspieler übernehmen in dieser Inszenierung Rollen. Es ist die Zeit, als die Münchner Bussi-Gesellschaft die Gazetten wie »BUNTE« und »Quick« erobert. Die Tegernseer Bauernbühne war nur nah am Zeitgeist.

Die Geschichte ändert sich

Änderungen der Geschichte beginnen mit der Milleniumswende. Zunächst wird der Brandner musikalisch. Bei den Sommerfestspielen auf Gut Immling wird der Brandner Kaspar mit Blick ins Paradies von Intendant Ludwig Baumann als Musical auf die Bühne geholt. Dann macht die Freie Theatergruppe In Media Scaena aus Nürnberg aus dem alten Brandner Kaspar einen jungen Rebellen, das himmlische Heer erscheint nun als verzweifeltes Theaterpersonal; nur die Preußen, die wissen noch immer alles besser. Der Südtiroler Volxmusiker Herbert Pixner wendet die Geschichte in ein finsteres Bluesical. Der Boandlkramer mutiert zum Tod, der mit dem Teufel paktiert. Der Brandner, ein Musikant, stirbt während seines Konzerts, er darf weiterleben und erfolgreich sein, aber nie mehr nur aus Liebe spielen. Das funktioniert, bis er sich verliebt ...

»Der Tod des Brandner Kaspar« heißt die vermutlich letzte radikale Bearbeitung des Stoffs. Schülerinnen und Schüler des Tegernseer Gymnasiums haben die Kobell-Erzählung selbst umgeschrieben und auch auf die Bühne gebracht. Da es ja um den Ur-Bayern Brandner geht, könnte man auf Bairisch sagen: Es war sakrisch gscheit und narrisch guat. Ihre Story geht so: Noch ist der Brandner am Tegernsee zuhause. Auf dem Weg zum Friedhof fällt ihm eine Dachplatte auf den Kopf, am Abend erscheint der Boandlkramer und will ihn abholen. Wie bekannt, schnapseln und karteln sie um die Verlängerung des Lebens. Der Tod wird allerdings von einem Gruselmädchen begleitet, das wie ein Unternehmensberater die Fähigkeiten des Todes evaluiert. Ab hier wird klar: Der Tod ist kein bayerisches Geschäft mehr. Es gibt weltweit Tode. Sie treffen sich zu Incentives und rocken als mexikanische Mariachi über die Bühne. Einer davon bleibt beim Brandner – Asrael, der Todesengel aus der muslimischen Glaubenswelt. Auch dem arabischen Todesengel kann der Brandner die Verlängerung seines Lebens – er kifft mit ihm und spielt Schach – abgewinnen. Statt Himmelsgaudi und Sennerin, gibt es Hinterhalt und Flüchtingsdrama zu sehen. Der Brandner, wissend, dass er noch 18 Jahre unsterblich ist, wird zum Schlepper. Marei rast an einen Baum und wacht im Krankenhaus auf. Sie liegt im Koma und muss aus der Zwischenwelt zusehen, wie sich eine Katastrophe nach der andren ereignet. Ihre Mutter, hellsichtig begabt, erkennt es und kann nicht helfen. »Können

Für die Premiere von »Der Tod des Brandner Kaspar« gab's im Ludwig-Thoma-Saal lautstarken Applaus.

wir die Toten sehen? Ist die Frau verrückt oder wird sie von ihrer Gabe erdrückt?« Am Ende will der Brandner endlich geholt werden. Ein bitterer Streit um seine Seele entsteht und er verschwindet … ins Jenseits. Wohin genau? Hölle? Himmel? Paradies? Fegefeuer? Man weiß es nicht.

Und das Paradies bleibt bayerisch

Sind über die Jahrzehnte Adaptionen und Bearbeitungen vor allem mit regionalen Volksbühnen verbunden, so macht die Verfilmung fürs Kino 2008 den Stoff weit über Bayern hinaus bekannt. Kultregisseur Joseph Vilsmeier dreht mit dem Komiker Bully Herbig, Kir-Royal-Legende Franz Xaver Kroetz und dem Kabarettisten Jörg Hube den Brandner Kaspar und erweitert die Geschichte mit viel Humor und zahlreichen Fantasy-Elementen. Zu Beginn des Films wird der Hinweis »Bayern um 1860« zur zeitlichen Einordnung der Handlung eingeblendet, dabei ist das Wort »Bayern« rot geschrieben, in Anlehnung an den FC Bayern München, die Jahreszahl »1860« hingegen in Blau, der Farbe des TSV 1860 München. Der Film bricht zwar mit der manchmal gar andächtigen Darstellung, durch ihn wird mit allem Klamauk die Figur Brandner Kaspar einem breiten Publikum bekannt gemacht – aber eines ändert sich nicht: Das bayerische Voralpenland ist wieder himmlische Kulisse. Der Himmel, so scheints, bleibt immer ein bayerisches Paradies.

Nachgfragt bei denen, **die** einen **besonderen Draht** zum **Brandner** haben

Jan Reiser – zeichnete das Leben des Brandner im Comic

»Ich bin möglicherweise außerordentlicher Biograph (das griechische »graphein« steht in diesem Fall für »zeichnen«) des Brandner Kasper, hatte aber lediglich die Schilderungen seines ordentlichen Biographen Franz von Kobell zur Verfügung (der Kasper übrigens mit ›e‹ schrieb).

Auch das Versprechen des Boanlkramers (bei Kobell ohne ›d‹), der Brandner könne nach dem ›Einischaugn‹ ins Paradies wieder in die Welt der Sterblichen zurückkehren, war hoch gepokert. Schließlich hätte er dort allen erzählen können, wie es oben aussieht. Doch wie wir wissen machte der Kasper von diesem Deal keinen Gebrauch, und blieb ›oben‹.

Daher kamen direkt vom Brandner keine Eingebungen in Form von Ansichtskarten oder Ähnlichem. Es ist aber anzunehmen, dass jedes Menschen Paradies dem entspricht, was er sich darunter vorstellt. Insofern war eine phantastische Überhöhung der barocken Abbildungen naheliegend, die der Brandner von den Deckenfresken der Kirchen im Oberland kannte. In meinen Illustrationen sieht man allerdings nicht das eigentliche Paradies – lediglich sein bescheidenes Foyer. Ich habe versucht, im Ausdruck auf Kaspers Gesicht widerzuspiegeln, was er wohl gesehen haben mochte, als ihn der Portner einen ›unverbindlichen‹ Blick ins Jenseits werfen ließ.«

Andreas Kern – Leiter der Ludwig Thoma Bühne in Tegernsee, spielt den Boandlkramer

»Aus Berufswegen komm ich ja nicht ins Paradies hinein. Meine Aufgabe ist es, und das seit Ewigkeiten, die Lebenden zum Tode zu befördern, und dann ins Paradies zu bringen. Das ist manchmal schwer, weil sich einige Passagiere weigern die Reise mit mir anzutreten. Zu sehr wollen sie auf Erden bleiben. Aber haben sie erst einmal die Schwelle zum Paradies überschritten, wollen sie um nichts in der Welt wieder auf die selbige zurück. Dies hat mehrere Gründe. Zum Einen ist es einfach nur schön im Paradies. Alle Verstorbene begrüßen den Neuankömmling, die Natur steht in voller Pracht, überall herrscht Harmonie und Glückseligkeit, und zum Anderen, weit Wichtigeren, dürfen die Menschen endlich all ihre negativen Eigenschaften ablegen. Neid, Gier, Hass und Falschheit fallen ab von ihnen und verwandeln sich in grenzenlose Liebe. Jedesmal, wenn ich diese Verwandlung sehe, weiß ich, das mein Beruf der schönste Beruf der Welt ist, denn nur durch mich, den Todesengel Boandlkramer gelangen die Menschen ins wunderschöne Paradies.«

Manfred Glück – Biograf von Gustl Bayrhammer, dem »ewigen Portner«

»O mei, Gustl, i konns allwei no ned glaubn, dass des jetz scho mehr als 25 Jahr her sei soi, dass du als Portner vom Resi zum Heiligen Petrus nüber gwechselt bist. Der scheint di ja ganz dringend braucht z'habn. Wei mia habn uns ja in der Nacht vorher no guat unterhaltn. Drum hab i des a zerschd gar ned glauben könna, wia i an diesem unseligen Samstag im April 1993 d'Nachrichten einschalt und de sagn als erschts, dass du gschtorbn sei sollst.

I bin mia ganz sicher, dass sich der heilige Petrus mindestens a jede zwoate von dene 730 Aufführungen ogschaugt had, wo du sei Rolln gschpuit hast, damit er sicht, wia ma des richtig macht. Für des Erinnerungsbuach an di had mir der Kurt Wilhelm, der Urgroßneffe vom Franz von Kobell vazeut, dass er die Rolle des Petrus ganz speziell für di und deinen großartigen Humor gschriebn had. Bsonders de Schlusszene, wo der Portner ganz ernst reikimmt und sich dann vor lauter Lacha nimma haltn ko. Bis dahin had wahrscheinlich niemand gwusst, dass ma im Himmi a lacha deaf.

I kannt ma guad vorstelln, dass ihr jetzt, wo ihr alle wieder beinanda seids, der Brandner Kaspar Fritz Straßer, der Boandlkramer Toni Berger und die Ernie Singerl, des Stückl immer wieder amoi zu eurer eigna Gaudi schpuits.«

Franz von Kobell – der »Vater« des Brandner Kasper

»Was habts enk denn do für Gedankenflinserl denkt? Wer hat'n da mit wem gredt? So, so. Des san oiso Euerne Honoratioren heit, de da redn mitm Boandl und mitm Kasper und am Portner! Hätt i ma ja nia net denkt, dass mei kloans Stückl amal a solcherne Karriere macht! Ihr seids ja heut stocknarrisch damit, doads, wia wenn der Stückl mitm Stückl de wahre oide guade Zeit zoagn dad. Dabei hob i mi damals grod aus da Traurigkeit aussi schreibm mögn. Waren meine König gstorbn, erst der Maximilian, dann der Ludwig. Bin i selm a oida Loda wordn.

A Freid muaß ma ham im Leben. De Freid muaß ma aa segn und auskostn. Muaßt schaugn, dass d'gspürst was dia taugt, dass d'Freid aa als was bsonders nimmst. Und so wia da Brandner an Boandl ausgaunert hat, so hob i de letztn 100 Joahr aufn Portner eibenzt. So gern woit i no amoi ins Tegernseer Tal, obi auf d'Jagd, ins Alpbachtal und zur Gindlalm.

Zletzt, im Summer wars, hob i no amoi obi dearfn in mei geliebtes Tegernseer Tal. Da Portner hats ma erlaubt. A Zeitl bin i mit am feschn Weiberleut durch Tegernsee strawanzt. Es san uns glei no a paar Leit hint nachglaffa. Sie hat dann verzählt, was i in meim Leben so zambracht hab. Mei, hat de vui gredt! Und immer so ernsthaft. Dabei hab i doch allaweil a kloans Spassettl gschätzt! Wer koan Hamur net hot, der konn im Lebn a des Schware schlecht datragn! Aber mit meine doikatn Witz hab i ma aa oft an Spreißl eizogn. Grod bei de Damen am Hof hoab i ma diam amoi an Ärger eighandelt ... (lacht) ›Er tirolert wieder‹, ham s' dann gesagt und hinterm Fächer durch ihre Zahnluckn weiter gwischpert. Manch bläde Blunzn is da dabei gwen! Aber des gibts ja heit no, wia i gseng hob. Schnoddern vui und hom nix zum sagn!

Des fesche Weiberleut hat mi ans Schloss in d'Kirch und ins Stielerhaus, nüber ins Alpbachtal und auf d'Schiaßstättn gführt. Die Weg hätt i scho no gfunden, tat i moana. Vui is ja so bliebm wia's gwen is.

St. Quirinus habts schee hergricht, sauber beieinand. Dass ma koane Laubngäng mehr hat und des ganze Volk sich so vorm Schloss zum Umtrunk bewegen kann, is mia scho a wengerl leger. So sehr Ihre Majestäten volksnah sind, ich muss es befremdlich finden. Und, dass i mal wieder ins Stielerhaus kemma bin, is ma doch a große Ehr. Beim Herrn Hofmaler Stieler waren mia auf Dinnérs geladen. Er hat aber immer so wichtige Leut eigladn ghabt, dass meine Karoline und i net gern hinganga san. San scho aa vui Preißn da gwen, de, weitgreist, uns Tegernseer um a Guads für z'dumm ghoitn und nur gscheit über Malerei, Musik und an teuern Blick zum See gredt ham.

Vom Stielerhaus sam ma dann zum Parapluie hinauf marschiert. Der Blick is immer no a Freud. Übern Pflieglhof san ma dann zur Schießstätt hinum. I waar ja so gern auf d'Galaun hinauf, umme zum Riederstein, schaugn, obs

Kappellal no steht. Wia's es 1861 gweiht haben, bin i aa dabei gwesen. Mei hat des damals gwettat! Mia san scho am Abstieg gwen, da hats auf amoi ogfanga mitm Wedda. Und dann is überm Riedersteinfels da Regenbogen gstandn!

Gern warat i da no schnell nauf. Aber es hat mi was abglenkt. I kanns no gar net glauben, was ma da im Sommer begegnet is! – Net nur, dass der Pflieglhof koa Vieh mehr hat. Aufm Wegerl is a kloans Bübal mit am Krokodil in da Hand daherkemma. A Krokodil! Das hat ma mei Herzog selig von seiner Fahrt in den Orient mitbracht. Das ham mir, zsammen mit dem Mohren, ausgestopft im Naturkundemuseum zu Forschungen übergeben. Und da kimmt das kloane Bübei daher und hoit a Krokodil in seine Händ. Und wia eahm a Oachkatzl übern Weg hupft, kennts es net und ruaft an Vater, es hätt an Koda gsegn. Ja varruckt! Kennt a Krokodil, aba koa Oachkatzl! Wia ma mei Begleiterin erklärt hat, warat des heut scho aa so. D'Kinder kennen Afrikas Tiere, aber san no net oamal auf da Jagd gwen Und die Münchner kemman aus da Stadt ogreist, net um sich zu verlustieren, sondern um in Windeseile mit am berggängigem Niederrad durchn Wald zum fahrn. De technische Erfindung hätt mi interessiert! Die letzten paar Jahre meiner Lebenszeit haben s' sowas erfunden ghabt – das Hochrad is aber nur was für technische Spinner und Visionäre gwen. Und jetzt roasn s' mit am Niederrad an am Bübal mit am Krokodil vorbei! I bin ma boiamoi a wengerl indisponiert vorkemma zwegn soviel Neuigkeiten.

Auf zletzt san ma eikehrt in der Tegernseer Schießstätt. I bin a so froh gwen, dass i mi da wieda auskennt hob! I bin a so froh gwen – is ma gar net aufgfallen, dass da no a zwoate Etagn aufgsetzt wordn ist aufs Haus, seitdem i's letzte Moi da gwen bin. Aber i bin dann eigladn wordn vom heuntigen Schützenmoaster – a wirklich netter Loda der Reißnweber Walter! Er jedenfalls hat mi eigladen, doch hinaufzgeh, zum Scheibnschießn im Stand. Im ersten Stock! Heit doans des Blattl zuawiziagn, habns koan Zielerkasperl mehr. Aber es war ma scho so mei rechte Freud: hab i doch glei wieder troffa aa! 140 Jahr hab i koa Gwahr mehr in der Händ ghalten. Und – pfeigrad – mitteneini is Kügei gwackelt. Mitteneini! War des a Freid. Vergnügt bin i dann hinum ins Paradies – hab i noamoi obegschaut auf mei Tegerneseer Tal. Und san de Leut in dera Welt a no a so verdraht, es is scho a seliger Blick. I dad sagn – es is da im Tal grad wia im Himmel so schee.«

Gmund
am Tegernsee
Tegernsee
Rottach-Egern
Kreuth

Hausham
Ausflug 5
Schliersee

Wer auf den Spuren des Brandner Kaspars wandeln will, muss ins Tegernseer Tal reisen. Von München aus sind es gut 50 Kilometer, mit der Bahn dauert es nicht ganz eine Stunde vom Münchner Hauptbahnhof aus. Als Franz von Kobell zusammen mit dem König von der Residenz in München anreiste, dauerte es in den Anfangszeiten etwas über 15 Stunden mit der Kutsche. Sie können also selbst bei Verspätungen gewiss sein: Es geht heute doch schneller. Im Tegernseer Tal gibt es eine Vielzahl wunderbarer Ziele. Wer ganz eng auf den Spuren des Brandners und seines Erfinders Kobell unterwegs sein mag, fährt in die Stadt Tegernsee.

Gewohnt hat der Brandner Kaspar am Homposs, oben am Alpbach, »wo's auf Schliersee nüber geht«. Vom Bahnhof führt der Weg nur ein paar Meter bergab, dann biegt man links in die Max-Joseph-Straße ein. Der Weg führt bergan Richtung Prinzenweg. Dies war quasi das »Gewerbegebiet« des 19. Jahrhunderts. Damals diente der Alpbach als Energielieferant für mehrere Mühlen und Schmieden. Vier Mühlen gab es. Die Schandlmühle, die älteste, bereits 1250 in den Klosterliteralien genannte, mit dazugehörigem ehemaligen Gasthof »Schandl«, liegt direkt am Weg. Dieser ist aber seit Jahren geschlossen. Im Gasthof war eigentlich der Sitz der Schießstätte der »Königlich privilegierte Feuerschützengesellschaft Tegernsee«. In dieser hat sich Franz von Kobell recht gerne zum Scheibenschießen verabredet. 1860 sind die Schützen dann weiter nach oben in eine neue, eigene Schießstätte gezogen. Sie ist bis heute Sitz der Tegernseer Schützengesellschaft.

Gasthaus »Schießstätte« in Tegernsee

Hier wird beste bayerische Küche geboten und obendrein gibt es gratis einen wundervollen, eher unbekannten Blick von der Terrasse auf den See hinunter. 1859 erwarb die »Königlich privilegierte Feuerschützengesellschaft Tegernsee« das Grundstück im Alpachtal. Die Gesellschaft ist durch einen Musterungsbescheid der wehrhaften Männer im Herzogtum Bayern erstmals 1554 in den Quellen erwähnt. 1901 wurde das Gebäude der Schießstätte aufgestockt und ein 130 Meter langer Schießstand errichtet. Das Erdgeschoss wurde zur heutigen Gaststätte umgebaut. Eine Vielzahl an Schützenscheiben kann man schon dort sehen. Prachtvolle Stücke von Malern wie

Quaglio, Dirnberger, Baumgartner und Padua erinnern an die lange in Tegernsee gepflegte Schützentradition. Scheiben werden ausgeschossen zu großen Festtagen, Königsschießen, Geburt, Taufe, Hochzeit, zu runden Geburtstagen und anderen besonderen Ereignissen. Historische Festschießen gab es zu Ehren von König Otto von Griechenland, anlässlich des Besuchs von

Innenraum der Gaststätte »Schießstätte« in Tegernsee.

Zar Nikolaus I. von Rußland und von Kaiser Franz-Josef von Österreich beim bayerischen König. Prachtvolle von Malern wie Quaglio, Dirnberger, Baumgartner und Padua gibt es im oberen Stockwerk. Dieses wird nur für die Schützen geöffnet. Das Scheibenschießen findet zu großen Festtagen oder besonderen Ereignissen statt. Festschießen gab es zu Franz von Kobells Zeiten für Zar Nikolaus I. von Rußland und von Kaiser Franz Josef von Österreich beim bayerischen König 1879.

Wirtshaus Schießstätte | Schützenstraße 4 | 83684 Tegernsee | tel 8022 / 6622232
www.schiesstaette-tegernsee.com

Wer eine lange Wanderung unternehmen möchte, geht von hier aus geradeaus weiter auf dem Prinzenweg Richtung Schliersee. Kurz bevor man die Teerstraße verlässt und auf den Waldweg kommt, erinnert an einer Hausmauer der Schriftzug »Homposs« daran, dass hier eine Schmiede gewesen sei. Das wäre der Ort, an dem der Brandner Kaspar gewohnt haben soll. Wenn man sich umdreht und Richtung Tal schaut, fällt der Blick auf ein Waldstückchen, das »Am Paradies« heißt. Der Brandner hat also von seinem Haus da oben immer aufs Paradies geblickt. Mündlicher Überlieferung zufolge sei der Ort vom König Max I. Joseph so genannt worden, weil – damals mit weniger hohen Bäumen – von dort sein Paradies am Tegernsee überschaubar war. Heute steht unter der Anhöhe die Maria Schneekapelle.

Die Gindelalm

Sie stammt aus dem 18. Jahrhundert und wurde wegen der Erweiterung der Bundesstraße aus dem Ort hier hinauf verlegt.

Wer geradeaus dem Wanderweg weiter folgt, kommt zur 1242 Meter hoch gelegenen Gindelalm. Dort, wo die »Sennerin vom Stier gstochn worn war«. Ihr Tod war es, der das abgekartete Spiel mit der Lebensverlängerung zwischen Brandner und Boandlkramer auffliegen ließ. Die Wanderung bis Schliersee dauert bei guter Kondition etwa vier Stunden.

www.tegernsee-schliersee.de/wandern-vom-schliersee-zum-tegernsee
Gindelalm | Gindelalmstraße 2 | 83734 Hausham

Rottach-Egern

In der Chronik der Pfarrei Egern am Tegernsee von 1907 lässt sich nachlesen, dass Sommergäste erst 1819 mit König Max I. Joseph anreisten, die aber in Tegernsee blieben. 1822 waren Franz und Egid von Kobell, also Neffe und Onkel, die ersten Sommergäste in Rottach. Egid baute sich neben dem Hofbauern das erste Landhaus in Egern, heute Fürstenstraße.

In Rottach-Egern ist auch der Brandnersche Kirschschnaps – Kerschgeist – zu finden. Die Destillerie Fischerweber's hat seit mehreren Generationen das Brennrecht. Franz von Kobell war in der Nachbarschaft daheim. Es dürfte also eine recht abgekartelte Sach sein, wenn er nicht den vorzüglichen Schnaps vom Fischerweber im Sinn gehabt hätte.

Fischerweber's Edelbrände & Fruchtliköre
Überfahrtstraße 1 | 83700 Rottach-Egern | tel 08022 / 92040 | www.fischerwebers-edelbraende.de

Den Kerschschnaps vom Fischerweber dürfte Franz von Kobell gekannt haben. Er wohnte direkt in der Nachbarschaft zum Fischerweberhof, wo seit 1870 gebrannt wird.

Kreuth

Der Brandner Kaspar war ein Aufrechter und hat sogar den »Hagmoar von Scharling« wie einen Hund am Kragen gepackt und von einer Rauferei abgehalten. Das Wort »Hagmoar« soll so etwas wie »Kraftmeier« bedeuten. Einen Hofnamen kann man dazu heute nicht mehr in Verbindung bringen. Es gibt in Kreuth allerdings eine sehr empfehlenswerte, musikantenfreundliche Gastwirtschaft »Zum Hagn« in Enterbach, da lässt es sich gut einkehren

Guads Essen, pfundige Wirtsleut und a sauberne Musi – das gibts noch beim Wirt in Kreuth-Enterbach.

auf dem Weg nach Wildbad Kreuth. Dort hat Franz von Kobell seine letzten Lebenswochen auf Kur verbracht. Am 3. Oktober 1882 schreibt er in einem Brief, dass trotz gutem Wein und Rebhühnern sein Zustand miserabel sei. Er erholt sich nicht mehr und stirbt am 11. November in München. Sein Grab findet man auf dem Alten Südfriedhof, ein Denkmal in den Maximiliansanlagen in Haidhausen erinnert an den »Volksdichter«.

Gasthof Hagn | Tegernseer Straße 30 | 83708 Kreuth-Enterbach | tel 08022/6248
www.gasthofhagn.de

Theater

In Tegernsee ist das Theaterleben recht rührig. Die verschiedenen Trachtenvereine haben ebenso alljährlich ein Stück im Repertoire, wie die verschiedenen Bühnen, die es hier gibt. Die Ludwig Thoma Bühne in Tegernsee ist eine alte Institution. Hier war schon der damals noch unbekannte »Kiempauli« als fester Musiker und Kassier angestellt, und übernahm auch kleinere Rollen, Ludwig Thoma schreibt extra für die Bauernbühne den Einakter »Erste Klasse«. Das Tegernseer Volkstheater hat 2018 den »Brandner« neu aufleben lassen. Vorstellungen gibt es in Tegernsee in der Spielstätte in der Rosenstraße und im Sommer auf der Waldbühne der Spielbank Bad Wiessee. Natürlich darf an dieser Stelle auch nicht der Hinweis auf das Münchner Volkstheater mit seinem Dauerbrenner dem Brandner-Kaspar-Stück fehlen (siehe S. 154).

www.thoma-buehne.de | www.tegernseer-volkstheater.info | www.spielbanken-bayern.de/bad-wiessee/ | www.tegernsee.com | www.muenchner-volkstheater.de

Zu Besuch beim Jennerwein Girgl

Sein Mythos lebt. Zum 140. Todestag des Wildschützen Georg Jennerwein im Jahr 2017 waberten und wallten erneut die Geschichten auf, die sich um ihn ranken. »Süddeutsche Zeitung«, Bayerisches Fernsehen und andere seriöse Medien berichteten über neue Zeitzeugen und diverse Publikationen von eher weniger als mehr harter Recherche fanden den Weg in die Öffentlichkeit. Fake-news von Fact-news nach 140 Jahren Mystifizierung zu unterscheiden ist vielleicht auch ein gewagtes Unterfangen. Aber genau genommen gehts kaum noch darum, auf welche Weise der »Girgl von Schliers«, wie er im Volksmund genannt wurde, zu Tode kam und wer sein Mörder war. Denn er lebt höchst quicklebendig in den Bergen, wo die Freiheit wohnt.

Die Gegend

Der Jennerwein ist in den Schlierseer Bergen daheim, genauer gesagt im Gebirge zwischen dem Schliersee und dem Tegernsee, rund 50 Kilometer südlich von München. Heute entspricht das Gebiet in etwa der Region des Forstbetriebs Schliersee der Bayerischen Staatsforsten. Mittelpunkt der Jennerwein-Geschichten ist der Friedhof von Westenhofen in der Marktgemeinde Schliersee, dort soll der stolze Wildschütz begraben liegen. Die Gemeinde selbst hält sich zurück, dem Wildschütz noch irgendeine Ehr zu erweisen, touristische Effekte will man damit nicht erhaschen. Noch immer zeigt man sich offiziell nicht erfreut von der Aktion unbekannter Jennerwein-Anhänger, die eine erlegte Gams zum 99. Todestag um sein Grabkreuz banden, und, einen Zettel dazu, worauf geschrieben stand: »Im nächsten Jahr wird's a Jager.«

Man hat das Grabkreuz erneuert – mit einem feinen Unterschied: Auf alten Fotos ist vom »Wildschütz« Jennerwein zu lesen, heute steht da »der Wilderer« Jennerwein fand hier seine letzte Ruhe. Der Satz, der hinter einer Plexiglas-Scheibe geschützt wird, macht klar: Der Stolz und das oreidige Rebellentum ist dem Jennerwein damit an seiner letzten Ruhetafel abhanden gekommen. Er wurde mit der Wortwahl zu einem einfachen Wilddieb gemacht. Einem Wildschütz schreibt man Stolz, Wagemut, Können und Findigkeit zu.

Kirche in St. Martin in Westenhofen, Schliersee mit Jennerwein-Grab.

Grabkreuz mit Gams.

Die Berggipfel zwischen Schliersee und Tegernsee haben es längst nicht zu solcher Prominenz gebracht wie die beiden Seen es taten. Wie die Orgelpfeifen stehen die Gipfel von Rainerkopf, Wasserspitz und Rinnerspitz zwischen den beiden Tälern. Den wenigsten Wanderern dürften die Namen etwas sagen, da finden weder die Bequem-Steiger etwas für ihren Genuss, denn es geht keine Bahn hinauf, noch die Wild-Wanderer, die lieber höher hinaus wollen. Erst die Bodenschneid mit ihren 1653 Metern Höhe wird zu einem veritablen Ziel.

Der Jennerwein-Steig führt an einem ausgesetzten Grad entlang und ist nur Bergfexen und anderen kletterfesten Gamsen zu empfehlen. Man muss schon sehr trittsicher und schwindelfrei sein, um dem Steig, der heute nicht mal mehr in Karten eingetragen ist, zu folgen. Der »HBW–Freidogs Schdammdisch«, der Stammtisch des »Herzoglich Bayerischen Wohnzimmervereins« im »Herzoglichen Bräustüberl« in Tegernsee, hat zum 100. Todestag vom Jennerwein dort oben eine Erinnerungstafel angebracht. War es damals schon ein recht abenteuerliches Unterfangen, das die Stammtischler durch Latschen und Gehölz unternahmen, so finden heute das Marterl selbst ausgewiesene Schlierseer und ausgebildete Bergführer kaum. Es steht auch nur in der Nähe des tatsächlichen Tatorts. Der muss ein wenig weiter vorn auf einem Felsen im Schwarzenholzeck liegen. Doch genau in dem einsamen Dreieck dort oben hat sich das Schicksal des Georg Jennerwein erfüllt. Nun ist es freilich eine innere Notwendigkeit, dass ein Wilderer eher dorthin geht, wo kein anderer ist, um seine Beute zu machen. Erstaunlich ist allerdings, dass sich die Gegend bis heute vor allzu viel Zugang versteckt, trotz der posthumen Prominenz des Opfers. Hier also geschah der

Der Jennerwein-Steig, ein 2 Kilometer langer Kammsteig auf 1640 Meter Höhe .

Mord, am 6. November 1877. »Er wurde weggeputzt von dieser Erd', man fand ihn erst am neunten Tage, bei Tegernsee am Peißenberg«, heißt es im später entstandenen »Jennerwein-Lied«. »Peißenberg« ist eine Flurangabe der nördlichen Ausläufer der Bodenschneid, auf einer Landkarte von 1862 steht die Bezeichnung noch. Wie heimatkundige Menschen behaupten, sei der Name nach dem Skandal um Jennerweins Tod aus den Karten gestrichen worden, um dem Volk keine Pilgerstätte für's Rebellentum zu bieten. Dieser Peißenberg hat also nichts mit dem heute deutlich bekannteren »Peißenberg« bei Weilheim zu tun.

Jennerweins Lebensraum erstreckte sich zwischen den Orten Holzkirchen, Gelting und Schliersee, mit manchen Ausflügen an den Tegernsee. Besuche in Bad Tölz mögen zur Wallfahrt zu Ehren des Heiligen Leonhard möglich gewesen sein. Einzig das ist klar: Der Jennerwein und sein Schicksal gibt bis heute so manchem Erzähler Anlass, für sich in Anspruch zu nehmen, die »echte« Geschichte zu kennen, weil der Großvater selig sie ihm so erzählt haben soll ...

Die ganze Gschicht

Der Wildschütz Jennerwein wurde unsterblich durch einen Schuss in den Rücken. Es handelt es sich bei ihm – im Gegensatz zum Brandner Kasper – um eine historische Gestalt. Georg Jennerwein wurde 1848 in Haid bei Holzkirchen geboren. Er war ein lediges Kind, seinen richtigen Vater hat ihm wohl auch die Mutter, Maria Jennerwein, nie benannt. Später heiratete sie einen gewissen Geissler und wurde durch diese Verbindung zur »Gütlerin von Gelting«. Gelting ist heute ein Stadtteil von Geretsried. Aus der Ehe ging ein weiterer Sohn, Hans, hervor. Der junge Georg Jennerwein verließ wohl schon früh das Elternhaus und verdingte sich als Holzknecht. Er lebte auf dem Hof des Unterschwaigbauern Markus Hofberger aus Westenhofen, heute ein Ortsteil von Schliersee. Zusammen rückten sie als Soldaten im Frankreichfeldzug 1870 / 71 aus, mit ihnen in den Krieg zog auch der später als Täter verurteilte Joseph Pföderl.

Der Girgl hatte graue Augen und einen verwegen schiefsitzenden Zahn. Seinen Hut zierte eine Spielhahnfeder, die »raufats« nach Vorne gedreht war. Ein Bild auf seinem Grab zeigt ihn als jagerisch-schneidigen Burschen.

Welches Leben der Jennerwein Girgl, wie er allgemein genannt wurde, vor und nach der Zeit als Kriegsteilnehmer führte, ist nicht in Akten oder Tagebüchern überliefert. Ebenso wenig gibt es noch Prozessakten. Sie seien bereits im 19. Jh. vernichtet worden, wie der heutige Leiter des Münchner Staatsarchivs, Christoph Bachmann, sagt. Es ist nur noch das Gerichtsurteil über Pföderl aus dem Jahr 1878 im Archiv vorhanden.

Die Tat

Am 6. November 1877 wurde Jennerwein laut Gerichtsakten von seinem früheren Freund Josef Pföderl auf einer Waldlichtung am Peißenberg im Alter von 29 Jahren erschossen. Seine Leiche fand man erst einige Tage später. Laut »Seegeist«, dem Vorläufer der heutigen »Tegernsee Zeitung«, wurde am 13. November 1877 »der bekannte Wildschütz Georg Jennerwein am Peißenberg im Revier Tegernsee mit zerschossenem Unterkiefer todt aufgefunden«. Die rechte große Zehe steckte im Abzug seines Gewehres und das Unterkiefer war zerschmettert. Ein Teil der Wange mit dem rechten Schnurrbart hing in den Ästen einer Fichte. Eine zusätzliche Schussverletzung befand sich im Rücken, die aber nicht tödlich war. 1878 wurde Josef Pföderl wegen »gegen den Holzarbeiter Jennerwein verübten Vergehens der Körperverletzung« zu acht Monaten Gefängnis verurteilt, wobei ihm vier Monate Untersuchungshaft angerechnet wurden. Pföderl hat immer wieder seine Unschuld beteuert. Verdachtsmomente, die auf den Gmunder Jäger Simon Lechenauer hinwiesen, haben sich nicht erhärtet. Förster Mayr, Vorgesetzter von beiden, regte Pföderl zur Falschaussage beziehungsweise zur Verschleppung einer Aussage an, verlangte auch von Lechenauer sich zu der Tat schuldig zu bekennen. Nach Verbüßung der Haft, versetzte Förster Mayr Pföderl in die Valepp, unterhalb des Spitzingsees. Josef Pföderl wurde gemieden, begann zu trinken, und starb nach einem Krankenhausaufenthalt am 12. Juli 1889 in Tegernsee.

Wildschütz und Weiberheld

Anlass für die hasserfüllte Verfolgung der beiden ehemaligen Kriegskameraden Jennerwein und Pföderl soll zum einen der Seitenwechsel Pföderls vom Wilderer zum Jäger, zum anderen pure Eifersucht gewesen sein. Der

Girgl hatte dem Pföderl die Freundin ausgespannt. Agathe, Sennerin von der Baumgarten-Alm, bekam von Jennerwein eine Tochter. Damit war Pföderls Hoffnung auf eine eigene Familie zerstört.

Stammwirtschaft von Jennerwein war wohl die Gastwirtschaft »Beim Hennerer« in Schliersee. Allgemein überliefert ist, dass der Girgl ein guter Zitherspieler, frecher Gstanzlsänger und guter Schuhplattler war. Freilich war er auch ein guter Schütze. Er soll, so klingt es auch manchmal durch, aber lieber im Wirtshaus als im Wald bei der Arbeit gewesen sein.

Diese Zuschreibungen kann man noch Aufzeichnungen von Gesprächen mit Zeitzeugen entnehmen. Hier ist vor allem das Werk von Georg Stöger-Ostin, »Georg Jennerwein, der Wildschütz – Eine Erzählung aus den Bergen nach wahren Begebenheiten« zu nennen, der 1929 eine erste quasi biografische Arbeit verfasst hatte und sich auf Gespräche mit Zeitzeugen beruft.

»Wilderer in der Sennhütte«, Gemälde von Franz von Defregger, 1876.

Das Alibi Lechenauers

Der Murnauer Max Dingler (1883–1961), Autor eines Schauspiels »Die Jaager«, das 1932 in Rottach-Egern von der Ganghofer-Thoma Bühne aufgeführt wurde, beschreibt seine Begegnung mit Simon Lechenauer, dem Kollegen Pföderls und weiteren Tatverdächtigen. Er erlebte ihn, als dieser bereits 91 Jahre alt war. Das Gespräch wurde am 15. November 1933 im Unterhaltungsblatt der Münchner Zeitung »Bayerische Heimat« veröffentlicht.[44] Demnach hatte Lechenauer eigenen Angaben zufolge ein einwandfreies Alibi, da er zur Tatzeit von zwei Zeugen, der Stauchermutter und dem Sumperer, am Wallberg gesehen wurde. Der Vorgesetzte Förster Mayr hatte ihm nicht frei gegeben, um nach Bad Tölz auf Leonhardi zu fahren. Pföderl wiederum war von Mayr auf den Peißenberg entsandt worden, weil »da Herr Professa von Kobel kommt, den hät da Pföderl auf an Gambsbock führn solln«. Er selbst ist am Wallberg unterwegs, soll einen Bock für den Graf Drechsel ausmachen, als er drei Schüsse hört. Einen um etwa 10 Uhr, die andren beiden »umara oans«, also circa 1 Uhr. Auf Wunsch von Förster Mayr sollte Lechenauer die Tat eingestehen, war aber nicht bereit dazu.

»Da war i ja eigsperrt worn. Und des hatn gargert, daß i do nit nachgebn ho, des hat a ma meina Lebta in Übel gnomma. Drum hat a mi a vosetzn loßn. Und des hat na den Vodacht no verstärkt, dass ebba do i gwen war.«[45] Lechenauer wurde sogar beschossen, weil man an ihm Selbstjustiz verüben wollte.

Einzig der Daxer von Wall, Haberermeister von Miesbach, allerdings ein sehr umstrittener, ließ bei einem Haberfeldtreiben in Hinterberg den Satz einfließen: »Den Landrichter von Tegernsee müssen wir jetzt mal fragen, wann mir an Pföderl sei Verhandlung werdn haben.«[46] Johann Vogel, wie er mit bürgerlichem Namen hieß, war bei den Haberern, bis 1886 auch Haberermeister, soll dann aber wegen Schwatzhaftigkeit und Bruch des Habereides abgesetzt worden sein. Angeblich soll er mit gedruckten Sprüchen gute Geschäfte gemacht und nebenbei Präservative vertrieben haben.[47] Später wurde er auch gerichtlich verurteilt.

Sowohl Johann Vogel als auch der Autor Max Dingler mögen zwar als Entlastungszeugen für Lechenauer auftreten, beide stehen aber heute selbst in zweifelhaftem Licht da. Der Autor Max Dingler wurde über Jahrzehnte als Ehrenbürger Murnaus gewürdigt. 2017 nahm der Gemeinderat von Murnau diese Auszeichnung wegen dessen NS-Vergangenheit zurück. Unbenommen, dass dies einer eigenen Einordnung durch Historiker zugehört, so ist doch der Duktus des Artikels tendenziös im Zeitgeist von 1933. Der Murnauer beschreibt in seinem Artikel Simon Lechenauer so: »In aufrechter Haltung saß er da, seine durchaus greisenhaft wirkende Gestalt verrät heute noch die einstige stramme Haltung des Jägers. Der Kopf ist von einer dem dinarischen Typus eigenen Einfachheit, Aufgeschlossenheit und und Klarheit. Auf dem fast kahlen Schädel, und dem kleinen etwas hängenden Schnurrbart kämpft heute noch ein siegreiches Blond Blond mit dem Weiß, das seinem Patriarchen Alter zukäme. Die mag man eine Adlernase nennen, die weit geöffneten blauen Augen die einen so gerade anschauen, geben die Gewißheit, daß kein Trug und kein Lug in diesem Menschen ist. Sein Benehmen ist jene wohltuende Mischung von aufrechter Männlichkeit und im Dienste hoher Herren erworbenen guten Marnieren«. (alle Kommata und Orthografie sic!)[48]

So sehr sich die beiden auch für Lechenauer verwenden: Es bleiben Fragen. Dass der 91-Jährige Daten und Namen vertauscht, mag angehen. Aber wie kommts, dass er drei Schüsse hört, die nördlich der Bodenschneid fallen, während er am Wallberg aufsteigt, und zwar auf der südwestlichen Seite, denn er geht mit seiner Zeugin »uman Wallberg umma, bereits bis Kreuth«, als er sich verabschieden muss. »Auf amol schalts drüben am Peißenberg, ganz hint am Berg obn. Dös is akrat u dreiviertel Zehne gwen«[49]. Selbst wenn man annimmt, dass die Lärmverschmutzung damals deutlich geringer war und die Gewehre damals deutlich lauter krachten, so ist es schon eine große Entfernung, die der Schall überwinden muss. Und sodann, wie kommt er auf die genauen Uhrzeiten? Die industrielle Herstellung von Taschenuhren setzte erst gegen Mitte des 19. Jahrhunderts ein. Auch wenn dadurch die Preise sanken und somit nicht mehr nur die wohlhabendsten Schichten eine Taschenuhr anschaffen konnten, blieb sie nach wie vor ein Statussymbol. Solide Uhren mit Silbergehäuse waren beim Bürgertum und bei wohlhabenden Bauern verbreitet, goldene Uhren mit besonders aufwendigen Werken ein Luxusgegenstand für Reiche. Ob der Lechenauer, einfacher Jagdgehilfe, so eine besessen hat? Die Kirchturmuhren im Tal jedenfalls sind von der Südwestseite des Wallbergs nicht zu sehen.

Das Grab

So sehr das Grab am Westenhofener Friedhof im Mittelpunkt diverser Verehrungsszenarien des Wildschützen steht, so wenig ist gesichert, dass es sich um die letzte Ruhestätte des Wildschützen handelt. 1890 und 1900 wurde der Westenhofener Friedhof erweitert. Einflussreiche Gemeindemitglieder wollten ihre Angehörigen nicht neben Jennerwein beerdigt wissen. Sie versetzten daraufhin kurz entschlossen sein Grabkreuz an einen anderen Platz. Während des Zweiten Weltkrieges verwilderte Jennerweins Grab. 1947 bezahlte der »Peißl Wastl« die 5 Mark Aufstiftungsgebühr, damit das Grab erhalten blieb. Die Mitglieder des »Schlierachtaler Trachtenvereins« übernahmen dann die Grabpflege. Als Anderl Hoffmann, der »Schlierachtaler Ehrenvorstand« 1961 starb, beteuerte er auf dem Sterbebett, dass sich in Jennerweins Grab nur der »Hax vom Beischä« befände und sonst nichts. Beim Wildern ertappt, schoss der Jäger Hartl H. dem »Wilderer Beischä« in die rechte Kniekehle. Die Schlagader wurde zerfetzt und das rechte Bein am Schenkel amputiert. Das Bein tauchte nirgends mehr auf.

Bis heute kümmern sich die Schlierachtaler um das Grab. Seit Jahrzehnten sorgt sich Josef Schmid, inzwischen ehemaliger Vorstand, um die Pflege. Immer wieder findet er kleine »Souvenirs«, die Jennerwein-Verehrer dort ablegen. Es sind Grablichter, aber auch Patronen, mal leere Hülsen, mal scharfe Munition. Ein Krickerl hängt an der Namenstafel an einer Schnur herab. Im Sommer 2018 hat Josef Schmid die Schrift und das Dekor auf der Tafel restaurieren lassen. Denn er weiß, die Geschichte um den Jennerwein geht weiter, also soll auch das Grabkreuz sauber herschauen.

Die ganze Gschicht

»Es ist wohl der Frage wert, worauf denn der unvertilgbare Hang zum Wildern, der unserem Gebirgvolk von alters innewohnt, beruht. Er hat zwei Wurzeln: eine edlere und eine gemeine. Es steckt ein aristokratischer Zug im Charakter des Bergbewohners. Derselbe Zug ist es, der ihn auch zum Wildschützen macht. Man fühlt sich noch einmal so stolz, wenn man die Waffe über der Schulter trägt, man ist kein Bauer mehr, man ist ein Freier.«[50]

Diese Einschätzung stammt von Karl Stieler, dem bayerischen Mundartdichter vom Tegernsee. Er kannte seine Alpenbewohner sehr gut. Seine Schriften beschreiben sie präzis und scharfsinnig, aber mit Empathie. Die Alpenbewohner sind stolz, neigen zum Rebellentum, wissen aber, wo ihr Platz ist.

Die »gemeine« Wurzel des Wilderns benennt Stieler nicht. Es lässt sich ergänzen: Dahinter steckte damals einfach der nackte Überlebensdrang. Zur Alltagskost eines Bauern zählten Hirsebrei, Eier und Schmalzgerichte, Fleisch war eine Rarität. Ein Wildschütz allerdings gab sich nicht nur als »normaler« Wilddieb. Er war kein »gemeiner« Fallensteller, der sich sein Bret mit der Schlinge holte. Er bewaffnete sich und widersetzte sich mit seinem Tun der Obrigkeit. Er war stolz und – trotz allem – ein freier Mann, so lange man ihm nichts nachweisen konnte. Das alles ist ohne den sozialen Hintergrund jener Jahre nicht verständlich.

Ein Kaiser, Maximilian I., ließ die Wilderei entstehen. Er hob im 15. Jahrhundert das alte germanische Eigentumsrecht auf und schuf für den herrschenden Adel neue Privilegien. Alles herrenlose Gut galt von da an als Besitz der Landesherren; auch das Wild. Obwohl sich diese Besitzverhältnisse seit Jahrhunderten etabliert hatten, begehrten die Untertanen dagegen immer auf. In den Revieren adeliger Jagdherren stehen sich dann Wilderer und Jagdaufseher – Unterprivilegierte auf beiden Seiten – gegenüber. Der Jagdgehilfe, der Helfer des Gebirgsjägers, ist gewöhnlich aus demselben Holz geschnitzt, wie sein Intimfeind, der Wildschütz. Nicht selten haben sie eine ähnliche Vergangenheit. Ein Hirsch, eine Gams, ein Rehbock wiegt mehr als ein Menschenleben und Pardon wird nicht gegeben.

Holzarbeiter

Jennerwein hatte sich als Holzknecht verdingt, Produktion und Verarbeitung von Holz war eine wichtige Branche zu jener Zeit. Mit der Errichtung der Saline in Rosenheim waren die Tegernseer und Schlierseer Berge zum wichtigsten Holzlieferanten anvanciert. Nach der Säkularisation wurden sämtliche ehemaligen Klosterwaldungen der kurz zuvor gegründeten Königlichen Salinen-Administration unterstellt. Während im Tegernseer Tal das Holz aus den Bergen geholt und über den See und die Mangfall getriftet wurden, entstand ab 1857 durch den Bahnbau bis Miesbach für das Schlierseer Gebiet der Holzhof Thalham mit Bahnverladung. 1869 bekam Schliersee einen eigenen Bahnhof.

Die Holzarbeit war eine sehr gefährliche Tätigkeit. Im Normalfall gingen die Holzarbeiter zu Wochenbeginn in die Wälder, hausten dort miteinander in sogenannten Kobeln, schlichten Unterständen aus Rindenholz, und kamen zum Sonntag wieder heim ins Dorf. Als Proviant hatten sie trockenes Brot, einen Eimer Sauerkraut und einen Topf Schmalz dabei.

Auch bei den »Holzerern« war ein Menschenleben wenig wert. Verhakten sich beim Loiten, Triften oder Gantern Baumstämme ineinander, wurden die Jüngeren ohne Familie entsandt, diese wieder transportabel zu bekommen. Wenn von denen, also den Jungen, einer umkam, war wenig verloren.

Es war wohl eine recht gnadenlose Gemeinschaft, die zwar aufeinander angewiesen war, aber zumeist nur nach dem Recht des Stärkeren funktionierte. »Der Gschwinder ist der Gsünder« hieß eine Redewendung, die auch bei den Schützen, den Jägern und den Wildschützen, galt.

Holzarbeiter in Kreuth 1936.

Die Jagdszene zu Jennerweins Lebzeiten

Nach den Protokollen des Forstamts Tegernsee, die in der Ära Jennerwein alle Zusammenstöße zwischen Wilderern und Jägern registrieren, war der Wilde Westen eine vergleichsweise friedliche Gegend. »Das ›Königliche Leibreservegehege‹ Tegernseer Tal, wo für den Jagdherren Herzog Carl Theodor das Wild gehegt wurde, lockte neben den einheimischen Wilderern auch noch die Wildschützen aus Tirol und aus dem Isartal über den Berg. Die Brandenberger in Tirol besaßen durch ein Dekret Maria Theresias und die Lenggrieser durch Bestimmungen, die auf germanisches Recht zurückführen, in ihren Gemeindeterritorien das Privileg der ›Freijagd‹ auf Hochwild. Sie legten es so großzügig aus, daß sie ihre eigenen Reviere ständig leerschossen und in den Tegernseer Nachbargarten auswichen. Sie traten in Banden bis zu zehn oder fünfzehn Mann offen gegen die zwei oder drei Jagdgehilfen auf, die ein Revier bewachen sollten [...].«[51]

Diese Tegernseer Akten enthalten zwar den Stoff, aus dem die Heimatromane sind, sie sind aber in Wirklichkeit ein Spiegelbild der Exzesse, Provokationen und Brutalitäten. Michael Heim schildert weiter einige Beispiele, die zur Zeit Jennerweins aktenkundig sind: »Der Tegernseer Jäger Rappl, dem Wilderer mit gehacktem Schrot die Hände durchschießen, gibt zu Protokoll: ›Einer der Schützen schrie, schiaßts'n nieda, den Hund, der muaß hi sei, der derf nit mehr hoam [...]‹.«[52] »In den Wiesseer Bergen verwechselt ein Wilderer seinen Kameraden mit einem Jäger und erschießt ihn, ein Jahr vor Jennerweins Tod wird in Schliersee der Jagdgehilfe Loidl erschossen, acht Jahre nach Jennerweins Tod stellt der Tegernseer Forstgehilfe Bramböck zwei vermummte Männer, ›von denen der ihm zunächst Stehende sofort sein Gewehr gegen Bramböck in Anschlag brachte‹. Bramböck war um Sekundenbruchteile schneller und tötet den Vermummten mit einem Schrotschuß.«[53]

Provokation und Stolz

Als Holzarbeiter waren Männer wie Jennerwein bestens vertraut mit ihrer Umgebung. Durch ihre tägliche Arbeit im Wald kannten sie Wege und Steige, die anderen nicht bekannt waren. Kondition und Kraft hatten sie sicherlich auch. Zudem war ihnen die Unterstützung der Almbewohner, vor allem der

Sennerinnen, sicher. Die wollten sich mit keiner Seite anlegen und wussten und mussten gut die Balance zu halten zwischen all den Kontrahenten. Dass es auf der Alm »koa Sünd net gibt«, entstammt zwar einem alten Lied, ist aber im Kern des Klischees auch Ausdruck eines Lebens in Freiheit, fern von moralischen Vorschriften, die in einer Dorfgemeinschaft gelten.

Mit der Widerspenstigkeit und Unbezähmbarkeit zu brüsten, fand Ausdruck in verschiedenen Gstanzln und Schnadahüpfln. Es gehörte durchaus zur Wirtshauskultur, die Jennerwein da pflegt. Pure Provokation ist es freilich, wenn er nicht nur darüber singt, sondern auch einen Gamsbart – immerhin höchste Trophäe eines Jagerischen – dem Gegner unter die Nase hält. »Solcherlei Blümerl wachsen in deinem Garten«, soll er Georg Stöger-Ostin zufolge gesagt haben. Glaubt man diesem Autoren, so hat er dies vor versammelter Festgesellschaft im Gasthof Glasl in Rottach Egern, einer Veranstaltung des Vinzentius Vereins, gesagt. Dieser besteht seit 1818 und hielt lange Zeit alljährlich einen Holzhackerball ab, damit auch verunglückte und verwitwete Holzarbeiterfamilien einmal im Jahr etwas zu essen bekamen. Die Variante »Siehgst Pföderl, söllers Kraut wachst in dein Garten, aber brocka tua's i!«, die Jennerwein gesagt haben soll, wäre freilich geeignet im Gegner wilde Wut hervorzurufen. In der Kombination mit Eifersucht als enttäuschter Liebhaber und Bloßstellen sowie Frustration über mangelnde Anerkennung ergibt sich für Pföderl ein klares Motiv.

Heiraten nur auf wirtschaftlicher Grundlage

Pföderl hatte doch sogar extra die Seiten gewechselt, vom ehedem Kumpanen Jennerweins zum Gegner, zum Jagdgehilfen, damit er eine Zukunft hat. Heimatrecht und Eheerlaubnis waren für die einfachen Leute im Königreich Bayern damals an viele Bedingungen geknüpft. Heute ist es selbstverständlich, dass wir frei entscheiden können, wohin wir gehen und wen wir heiraten. Im 19. Jahrhundert wurden innerhalb der Sozialgesetzgebung gegen diese Freizügigkeit gesetzliche Hürden errichtet. Betroffen von diesen frühen staatlichen Sozialmaßnahmen waren vor allem die ärmeren oder gänzlich besitzlosen Schichten innerhalb der bürgerlichen Gesellschaft.

Seit dem 11. September 1825 bestand im Königreich Bayern die sogenannte Ansässigmachungs- und Verehelichungsgesetzgebung. Danach waren für alle bayerischen Untertanen das Heiraten und die freie Wahl der Heimat mit allen Rechten und Pflichten eingeschränkt. Verbunden war das mit einem oft langwierigen gesetzlichen Genehmigungsverfahren. Es musste sichergestellt werden, dass man durch eine Eheschließung weder dem Staat noch der Stadt zur Last fallen würde, also Armenunterstützung und Kosten verursachen könnte. Für die einfachen Leute verschärfte sich die Wartezeit für eine Heiratserlaubnis, bei Dienstboten lag die Zahl unehelicher Geburten darum sehr hoch. Maria Jennerwein konnte nur dank des Erbes ihrer Eltern die Mitgift für eine Ehe aufbringen, sodass sie trotz Sohn unter die Haube kam.

Das Urteil der Geschworenen

Es ist anzunehmen, dass die provokante Art des Girgl Jennerwein ihm mehrere Feinde eintrug. Es war wohl nicht nur Pföderl, der ihm nicht wohlgesonnen war. Dieser war vielleicht gar nur ein »Bauernopfer«, der für die Tat herhalten musste. Auch der Förster Mayr erscheint mit seinem Verhalten in einem unschönen Licht. Warum drängt er Pföderl zur Falschaussage? Warum den Lechenauer die Tat einzugestehen? Alles Fragen, die heute nur noch rhetorisch sind.

Der königliche Staatsanwalt am Schwurgerichtshof von Oberbayern legt im Prozess gegen Pföderl am 25. November 1878 den Geschworenen vier Fragen vor (Wortlaut nach einer Abschrift im Tegernseer Forstamt):

»Erstens, hat Pföderl den Holzarbeiter Jennerwein, nachdem er demselben vorher mit einer aus seinem Schießgewehr abgefeuerten Kugel die linke Brust und Lunge durchbohrt hatte, vorsetzlich und rechtswidrig, doch ohne Überlegung bei Ausführung der Tat dadurch getötet [...], daß er mit einer oder zweien aus Jennerweins eigenem zweiläufigen Gewehre abgefeuerten Kugelladung demselben den Kopf zerschmetterte und hierdurch dessen sofort eintretenden Tod verursacht? Wird Frage Eins bejaht, so ist zu beantworten Zweitens, sind mildernde Umstände vorhanden?

Wird Frage Eins verneint, so ist zu beantworten

Drittens, hat Pföderl den Holzarbeiter Jennerwein vorsätzlich und rechtswidrig, jedoch ohne Absicht zu töten, mit einer aus seinem Schießgewehre abgefeuerten Kugel die linke Brust und Lunge durchbohrt, infolge welcher

Verletzung alsbald der Tod des Georg Jennerwein eintrat? Wird Frage Drei bejaht, so ist zu beantworten

Viertens, sind mildernde Umstände vorhanden?«

Die Geschworenen entscheiden

»Frage Eins – Nein

Frage Zwei – Entfällt

Frage Drei – Ja, jedoch ohne Folge des Todes

Frage Vier – J a.«[54]

Das Urteil erscheint außergewöhnlich milde. Im Vergleich: Einige Jahre später, 1884, schossen drei Wilderer in einer Auseinandersetzung auf den Jäger Unterleitner in der Valepp. Er überlebte schwer verletzt. Der Gerichtshof sprach sie schuldig. Der eine »erhielt elf Jahre und einen Monat Zuchthaus, der zweite ebenfalls nebst zehnjährigem Verluste der bürgerlichen Ehrenrechte, der dritte drei Jahre und einen Monat Gefängnis, weil ihn nicht nachgewiesen werden konnte, ob er wirklich Feuer gegeben hatte«. [55]

Wilderer heute

Wilderer gibt es freilich immer noch, so zeigen Polizeiberichte. Heute allerdings töten Wilderer offenbar nicht mehr mit Achtung vor Wald und Wild, sondern aus dem Auto heraus oder vom Quad herunter. Knapp 200 Fälle von Wilderei kommen jedes Jahr in Oberbayern zur Anzeige. Die Fälle werden vom LKA verfolgt, es geht um Jagdfrevel, Tierschutz und Gefährdung von Passanten. Die Wilderer heute töten kaum aus Hunger, sondern aus Gier. Vor ein paar Jahren lieferte eine Wildererbande im Raum Bad Tölz-Wolfratshausen im großen Stil Fleisch ohne Lebensmittelkontrolle und an der Steuer vorbei an Gaststätten oder verkaufte Trophäen und Geweihe. Die Jägerin und Vorsitzende des Vereins Wildes Bayern e. V., Dr. Christine Miller, berichtete in einer Weiterbildung der Tegernseer Heimatführer davon, dass es Wilderer gibt, die ein Tier nur erlegen, um ein Foto mit einer Mütze zu schießen. Der Kadaver wird dann liegen gelassen.

Die Rezeption

Der Schuss aus dem Hinterhalt, das Urteil eine schreiende Ungerechtigkeit – das macht für die Geschichte vergessen, dass der Jennerwein kein Held, sondern ein Aufschneider, Raufbold und arbeitsscheuer Weiberheld gewesen sein dürfte, der von der Wilddieberei lebte und sich mehr im Wirtshaus, denn bei seiner Arbeit zeigte. Als uneheliches Bankert von jeher mit wenig Chancen im Leben ausgestattet, hatte er auch kaum Chancen zum gesellschaftlichen Aufstieg in jener Zeit. Schon damals haben sich die Geister an ihm geschieden. Den ehrwürdigen Honoratioren von Schliersee war er jedenfalls selbst als toter Mann nicht angenehm. Sie verlangten die Verlegung seines Grabes, weg von der Kirchenmauer, wo ehrbare Familien die Ihren begruben.

Seinen Ruf als Volksheld verdiente sich der Jennerwein Girgl dann im Theater. Freilich kam es schon bald nach seinem Tod zur Verklärung. So meldet das Blatt »Deutscher Jäger« 1881: »Daß sich die Wildschützen bei unserer Gebirgsbevölkerung eines gewissen Ansehens erfreuen ist bekannt, weniger bekannt aber dürfte sein, daß sie sogar gleich hohen Persönlichkeiten geehrte werden; so war es nach der im Jahr 1877 durch Jägerhand erfolgten Tötung des gefürchteten Wilderers Jennerwein in der Gegend von Miesbach und Schliersee Mode geworden, das Bildnis des Jennerwein auf Pfeifenköpfen und Biergläsern zu führen.«[56]

Im Jahr 1896 schrieb der damals 24-jährige Ferdinand Winter aus Au bei Bad Aibling das Theaterstück »s'Almröserl oder Jenneweins Ende«. Schon hier ist der Verrat das Hauptmotiv. Die beiden Freunde Girgl und Franzl sind im Leben verschiedene Wege gegangen, Franz ist Jäger geworden und aus dem Girgl ein Wildschütz. Franz verfolgt seinen ehemaligen Freund nicht mit der erforderlichen Härte, sodass der intrigante Gemeindediener Federl dies geschickt nutzt. Lieserl, die Braut Girgls, stellt ihrem Geliebten ein Ultimatum, damit er mit der Wilderei aufhört. Aber es kommt zum Drama.

Das Stück wurde immens erfolgreich, bis 1921 spielten es 500 Volksbühnen. Auch der Schlierachtaler Volkstrachtenverein brachte es auf die Bühne. Ob des Erfolges verpflichteten sich die Schlierachtaler, das Grab Jennerweins in Schliersee zu pflegen. Das tun sie nun seit fast 100 Jahren.

1929 erscheint das Buch von Georg Stöger-Ostin. Der Schriftsteller entstammt selbst dem Milieu der Schlierseer und Tegernseer Berge. Er selbst

Auf dem Boden der Realität bewege er sich, reklamiert der Autor Stöger-Ostin für sich in seiner Jennerwein-Geschichte.

war drei Jahre alt, als Jennerwein erschossen wurde. Im Vorwort zu seinem Buch beruft sich Stöger-Ostin darauf, aufgrund seiner Herkunft viele Zeitzeugen zu kennen, die ihm später in Gesprächen wahre Begebenheiten und Fakten erzählten, sodass er den Anspruch erheben könne, der Wahrheit recht nahe gekommen zu sein. Er beschreibt Jennerwein »als Mensch wie er wirklich war«[57]. In der zweiten Auflage, die 1947 erscheint, enttarnt er sogar seinen Gewährsmann Simon Lechenauer, der ihm eine Quelle war, aber zunächst nicht namentlich genannt werden wollte. Bei Stöger-Ostin heißen die Kontrahenten Jennerwein und Pföderl, wobei letzterer rundweg als, wie man heute sagen würde, »Looser« daherkommt. Jennerwein dagegen lebt wie es ihm gefällt. Er genießt das Leben in vollen Zügen. Er jagert wild. Er nimmt sich die Sennerinnen, wie sie ihm begegnen. Er übt quasi »Herrenrecht« aus. Und genau darin liegt das Faszinosum, warum der Stoff einer Wilderergeschichte zum Stoff aus dem die Helden sind mutiert.Es gibt in den folgenden Jahren eine Reihe von Adaptionen.

In Romanen wird der Jennerwein-Stoff erst in den späten 1980 / 90er-Jahren erneut aufgegriffen. Als Theaterfassung gibt es zwar viele Wilderer-Stories, aber lange keine Jennerwein-Geschichte. Das Schlierseer Bauerntheater nimmt sich endlich des Stoffes an. Mehr als 100 Jahre nach dem Tod des Schlierseer Wildschützen findet sein Thema auf die heimatliche Bühne. Obwohl das Schlierseer Bauerntheater internationale Erfolge vorweisen kann und Jahrzehnte die Bühnen der Welt mit Publikumsmagneten aus dem Bauerntheater-Genre versorgte, hatte der Jennerwein-Stoff nicht ins Repertoire gefunden. Xaver Terofal und Konrad Dreher beziehungsweise die Nachfolger überlassen die Jennerwein-Geschichte dem Schlierachtaler Volks- und Trach-

Ein voller Erfolg war das Jennerwein-Stück »Kurzer Prozeß« im Schlierseer Bauerntheater. Es begeisterte über viele Jahre das Publikum mit seiner authentisch-bayerischen Inszenierung.

den Auftrag, ein Jennerwein-Stück zu schreiben, am 18. Mai 1996 ist Premiere. Das Stück »Kurzer Prozeß« von Werner Schlierf wird zum Publikumserfolg und bleibt mehr als zehn Jahre im festen Repertoire. Schlierf, Münchner Turmschreiber und Träger des Bayerischen Poetentalers, greift auf gut recherchierte Unterlagen zurück, die sowohl die zeitgenössischen Zeitungsarchive als auch Zeitzeugeninterviews enthielten. Er projiziert das Drama vor einem sozialgeschichtlichen Hintergrund und macht so die Härte der damaligen Zeit sichtbar. Die Rahmenhandlung wird allerdings in der »Jetzt-Zeit« angesetzt: Der Schlierseer Gemeinderat muss sich mit dem Grab Jennerweins befassen. Die Frage lautet: Soll man es auflassen, damit endlich Ruhe einkehrt, oder weiter aufstiften, damit die inzwischen legendäre Grabstätte weiter besteht? Dabei gehts nicht um die Kosten dafür, sondern ums Prinzip. »A Solcherner«, ein Weiberheld und Wilderer, steht für Schliersee! Und das, wo es eigentlich ein Aufschneider war, einer, der den anderen zeigte, dass man das Leben auch unangepasst und in Freiheit leben kann. Dafür musste er sterben. Aber seine Rache, so lässt sich folgern, ist die Unsterblichkeit. Auf der Bühne sind seine letzten Worte: »In guat fuchzig Jahr is vo eich koana mehr am Leben. Und zehn Jahr später erinnert sich an eich koa Mensch mehr. Aber i, i leb in a paar hundert Jahr im Volk no weida ...!«[58]

Schlierseer Bauerntheater bei einer Jennerwein-Aufführung, 1896.

1997 erscheint auf der Münchner Iberl-Bühne eine »Wilderer-Posse« mit dem Titel »Das Lied vom Wildschütz Jennerwein«. In dem Schwank wird das Publikum während der Vorstellung aufgefordert, das Lied vom Jennerwein mitzusingen – und das klappt!

2012 führt Sebastian Schlagenhaufer sein »Jennerwein – Bluat vo da Gams« im Freilichtmuseum Markus Wasmeier auf. Das Stück des mit dem St. Prosper Kabarettpreis ausgezeichneten Autors, Sebastian Schlagenhaufer, behandelt bayerisch humorig die wahre Geschichte des Georg Jennerwein und lädt ein, mit ihm auf die Pirsch zu gehen, zu lachen und mit ihm zu fühlen. Das Ende da: Er darf auch im Jenseits auf die Pirsch gehen und wildern. Der Jennerwein hat also selbst im Himmel sich diese Freiheit genommen.

Mehrfach wird der Stoff verfilmt. 1929 als »Wildschütz Jennerwein-Herzen in Not«, dann 1970 unter dem Filmtitel »Jaider, der einsame Jäger«, Gottfried John übernimmt darin die Hauptrolle. Es ist ein Beitrag zu den XXI. Internationalen Filmfestspielen in Berlin und erhält 1971 den Bundesfilmpreis. Hier wird mehr und mehr das Unbezähmbare des berüchtigten Wilddiebs herausgearbeitet. Mit Jaider wird die Obrigkeit nicht fertig. Nur durch Intrige, Verrat und Mord aus dem Hinterhalt an seinen Nächsten, die Freundin wird erschossen, der Bruder gekreuzigt, können die Behördenvertreter und Machthabenden ihn treffen. Es ist ein gruseliges Wirken, das da dargestellt wird. 2003 kommt der Film »Jennerwein« in die Kinos, eine Koproduktion mit ORF und dem BR. Hier ist Jennerweins Tun erstmals stark mit dem »Robin-Hood Helfersyndrom« infiziert. Er rettet Waisenkinder und füttert die Armen mit seinem Wildbret. Die Besetzung mit Christoph Walz, dem späteren Oscar-Preisträger, als Pföderl und Sabrina White als Agerl verspricht zwar einen Publikumserfolg, aber so ein richtig rasanter Kassenschlager wird es nicht. Vielleicht deshalb, so mag man denken, weil Robin Hood halt auch in die Wälder von Nottingham in England gehört. Ein bayerischer Wildschütz handelt aus Stolz und will die Freiheit. Er versteckt sich nicht in Wäldern, er kennt sich dort aus. Und je höher es hinauf geht, desto weniger ist er angreifbar. Ein Wildschütz ist kein Wilderer, ein Wildschütz hat Stolz, seine Beute muss nicht leiden, seine Taten gibt er zu, lässt sich aber nicht erwischen. Er ist aufrecht-oreidig eben. Neben der Norm, aber mit Normen. Eigenen. Die seine Freiheit begründen und der er verpflichtet ist.

Nachgfragt beim Jennerwein Girgl

»Wenn i oid gwordn wär, hätt i vui mehra vom Lebn ghabt. Es san oafach 20 Jahr zu früh, dass i glebt hab. Wissen S' scho, wia i moan? 20 Jahr spater hätt sich die Zeit schon weiter draht ghabt. Dann hätt i net so a oadrahter Schlankl werdn müssn. Aber so, was hätt i denn doa solln? Mei Muatta hat mi ledig kriagt und ihr Vater hätt s' damals fast daschlagn, wia's aufgflogn ist. Guat dass er sich a so aufgregt hat, dass er boid drauf gstorbn is und sie mit dem Erbe a Mitgift ghabt hat und hat heiratn kenna. Aber für mi is da schon vo vornherein koa Platz net gwen. D'Muatta hot nia gsagt, wer da Vater gwen is. Da herübn hob i s' dann dafragt. Wissen S', d'Muatta hat nix gsagt, weil s' ja selm net gwisst hot, woher dass i kemma bin. Des is ganz a tugendsame Jungfer gwen, von de Eltern allaweil in da Kirch und in da Kuchl versteckt und wia Kinder gmacht werdn, des hat s' net gheart ghabt. Also, wia des dennerscht hat passieren kenna, dass mi zstand bracht ham, is ma imma no a Frag.

I jedenfalls hab bei meim Ablebn a jede Gams und an jedn Bock noamoi in d'Augn schaugn miaßn, der mir z'Lebzeiten vors Gwahr kemma ist. Is scho a bissl vui, hat ma net guat do, des zum sehgn. Aber wissen S', was guat gwen is? A jedes Viecherl is dennerscht froh gwen, weil i ho s' allaweil glei dawischt. Koans hat lang zleiden ghabt, weils in ana Schling elendiglich varreckt is oder gar lang ghetzt wordn war von de Jaga, de zuatriebn haben für de edlen Herrn. Wia da Professa von Kobell aufakemma is, da hob i amoi mit eam drüber gredt. Der hot a selm gsagt: Er hot an jeden vo seine 648 Böck, auf die er's in seim jagerischen Lebn bracht hat, noamoi oschaugn miaßn.

I waar a gern oben in de Berg. Je weiter dass d'naufsteigst, umso kleaner werds normale Lebn. Da schnaufst vui freier, da is de Luft vui feiner und wannst oben aufm Gipfl anglangt bist, is nimmer wichtig, was de Dammischen da unten doan. I bin gern im Woid gwen, bei de Hoizerer, de wuiden Hund! Gach is zuaganga. Gachzornig is so mancher gwen. Aber wannst a nia was zfressn kriagst! An Kübl Sauerkraut, a Schmoiz und a trockns Brot, das is ois gwen, was mia de ganz Woch dabei ghabt ham. De dahoam a Frau ghabt ham, de ham no a paar Oar fürn Schmarrn für die ersten Tag mitkriagt. Wissts wia des da in so am Kobl zuageht? Zehn Mannsbilder ranzeln und rotzen und scheißn dahi! De Soß ist da direkt aus der Hosn obiglaffa, wannst di mit da Wiagsog gschundn hast. Schaugts net so dakemma: Wia solls denn sonst zuageh, wannst bloß a Kraut mit Schmoiz kriagst? D'Rosl vom Hennerer hat ma diam amoi a Flaschl Schnaps mitgebn. Dann is besser ganga, aber host mehra aufpassn miaßn, dass beim Baum aushakln nix gschicht, weilst so bsuffa gwen bist. Mit da Zeit hab i mi halt immer mehra absentiert von dem Lebn. Na hat ma mia vorgworfa, i warat arbeitsscheu und dad nur im Wirtshaus oder im Woid sitzn. Soll i eich was sagn: I hab ma denkt, de redn guat. Und hab vui glesen, drobn unter meim Bam am Peißenberg. Ja freili hob i lesn kenna! Mei Muatta hat drauf gschaut! Lesen hat s' ja kenna. Das andre hat s' halt net gwusst. Sie hat ma so a schöns Büchl gschenkt ghabt vo am Indiana vo z'Amerika. Der is ois Waldläufer anerkannt gwen, dem ham s' koa Wilddieberei oghängt. Da woillt i gern hi! I warat scho ganga, i wollt weg vo dahoam. Da warst im Elend unterganga. – Naja, bin i ja aa.

Nix hätt mi ghalten! Aber traut hab i mi dennerscht net. Weil i ja so gern in meine Berg gwen bin, über d'Oima gestrichn bin. Oft hab i von da Wasserspitz aussi gschaut ins Land, unten da Tegernsee so schee – und irgendwo dahinter muaß Amerika liegn! Aber dann bin i wieda obigstiegn und hab ma denkt, des nachste Moi entscheid ich's dann da oben. Dann pack i's doch o!

Aber dann is anders kemma. S'Agerl is in Nöten gwen, weils vom Pföderl a Kind dawart hat. Aber des is oiwei so a langsamer Loamsiader gwen. Der hot net glei gsagt, dass er's heiraten mecht. Und weil i gwusst hab, wias Lebn als lediger Bankert ist, hab i gsagt, dass des meine war.

I woillt ja eh weg. Der Pföderl und i san dann oben am Peißnberg gsessn und ham an ›Lederstrumpf‹ glesen. I hab eahm dann so an Plattler vorgführt, wia die Indianer z'Amerika des um an Baum macha dadn. Er hot si recht gfreit und es is bärig gwen mit dem oidn Spezl. Am End hat a vasprochn, doch as Agerl zum heiratn. Es is grad griabig gwen– und dann hats an Dumpfn do. Mi hats hintre ghaut und der Pföderl is davoglaffa. Der oide Sosserer! Seim Forstmoaster wollt er's verzählen, dass der Hilfe schickt. Das is pfeigrod nix gwen! Der is ja froh gwen, dass i weggramt gwen bin. Der hätts am liabstn ghabt, dass mi eistoana wia a Kuah, de auf da Oim verreckt und mi nia mehr oana findt.

An jeden hob i gfragt, der da auffakemma ist, was gschehn is. S'Agerl hat gsagt, dass mei Gschicht untn bekannt wordn is. In Schliersee ham s' a Theater baut und san auf Amerika gfahrn. Des waar meins gwen! Da waar i gern dabei gwen! Plattlt hätt i und gsunga, grad dass a Freid gwen war! Dann hät i mia aa den Waldläufer da drent amoi ogschaugt. Aber für des bin i 20 Jahr z'früh dran.

Ja, alle hab i dann da wieda gseng. Nur d'Rosl vom Hennerer, de ist net naufkemma. De is aber bei mir no drobn an der Wasserspitz gwen. Wiar i nach dem Schuss wieder aufgwacht bin, is schon Mittag gwen. Naa, hab i ma denkt, des dua i ma net o. Wenn de mi findn, dann werd i abitrogn und eikastlt. D'Rosl hat mi dann aufghobn und am Baum onigloant. Hat ma d'Schuah und d'Socka auszogn und ma mei Gwahr in d'Hand gebn. So leid duads ihra, hots allaweil greint. A Bussl hats man no gebn, des freche Luada! Dann kimm i nimma auffe auf meine Berg, hob i ma denkt und schaug nimma aussi aufs Land. Fast bis ummi auf z'Amerika hot ma an dem Tag gseng. Weit is da Himme gwen. Und Musi ham s' gspuit und so schee gsunga scho aa: I dua was i wui, i dua was i mog und gib nix auf de ratschatn Leit. Weil da herobn, da auf de Berg, da wohnt de Freiheit und da herobn is wia im Himmel so schee ...«

Schliersee
Hennererhof
Schliersee
Bodenschneidhaus

Ausflug 6

Der Hauptort von Jennerweins Wirken ist die Marktgemeinde Schliersee am Schliersee. Mit der Bahn ist der kleine Ort mit gut 6500 Einwohner von München aus gut zu erreichen. Bereits gegenüber der Bahnstation in Schliersee trifft man aufs »Café Jennerwein« – der Kuchen lässt sich wahrlich empfehlen.

Café Jennerwein | Bahnhofstr. 11a | 83727 Schliersee | tel 08026 / 9769376
www.cafe-jennerwein.de

Schliersee mit Ort Schliersee.

Schliersee

Der Legende nach ist Schliersee 779 von fünf Brüdern als Kloster »Slyrse« gegründet worden. Die älteste Kirche des Dorfs ist St. Martin, im Ortsteil Westenhofen. So, wie sich das Kircheninnere heute darstellt, wurde es 1878 ausgestaltet. Der Bau steht auf den mittelalterlichen Überresten der ursprünglichen Kirche. Hier am Kirchfriedhof liegt das Grab des Wildschützen Jennerwein, also zumindest das Grabkreuz steht da. Es ist in etwa in der Verlängerung zum Turm in mittlerer Reihe gelegen.

www.schliersee.de

Das Gasthaus »Hennerer«

Der Wildschütz Jennerwein war hier regelmäßig zu Gast, als der Hof als Gaststätte geführt wurde. Er liegt etwa 3 Kilometer vom Ortszentrum Schliersee entfernt. Heute ist das Anwesen ein Bauernhofcafé mit Hofladen. Angelika Prem führt das Haus sehr liebevoll und bietet auch Kräuterkurse oder Brotbackseminare an. Der Hennererhof wechselte mehrmals den Besitzer, 1894 gelangte das Anwesen in den Besitz von Vorfahren der heutigen Betreiberfamilie. Der Hofname entstand vermutlich, weil der damalige Erbauer und erstmalige Besitzer Lorenz Wechselberger einen Geflügelhandel betrieben hat, denn als Hennerer wurde im früheren Sprachgebrauch jemand bezeichnet, der Hennen und Eier aufkaufte, um damit Handel zu betreiben.

Hennerer Hof – Cafe & Bauernladl | Hennererstraße 36 | 83727 Schliersee / Westenhofen
tel 08026 / 9229964 | www.hennerer.com

Bodenschneidhaus mit Hohenpeißenberg

Bodenschneidhaus

Dafür gehts steil bergauf. Jedenfalls wenn man vom »Hennerer« weiter bergan übers Tufttal steigt. Etwa zwei Stunden Gehzeit muss man rechnen. Auf 1365 Meter Höhe auf der Rettenböckalm gelegen, ist das Bodenschneidhaus zwar erst nach dem Girgl seinem Ableben errichtet worden, aber in der Wirtsstubn erinnern dennoch einige Bilder und Souvenirs an den Wildschützen. Das Haus wurde 1889 als Schutzhaus gebaut und ist Eigentum der DAV Sektion Bodenschneid. Übernachten kann man im Zweibettzimmer oder in einem der Lager. Achtung! Im März und April ist Betriebsruhe.

Der Weg zum Ort des Geschehens ist nur für trittsichere und erfahrene Bergwanderer zu empfehlen. Ein paar 100 Meter nordöstlich vom Bodenschneidhaus liegt die Raineralm. Ein Wegerl führt über Wiesenhänge in die Senke zwischen Rainerkopf und Wasserspitz, auf dem Kamm entlang geht es zur Wasserspitz. Im Übergang zur südlich gelegenen Rinnerspitz taucht plötzlich eine kurze, aber ausgesetzte Stelle mit abbrechenden Steilhängen auf. Hier muss man trittsicher sein! In der Gratsenke befindet sich rechts vom Pfad an einem Baum das Jennerwein-Marterl. Es dürfte nicht ganz exakt die Stelle markieren, wo Jennerwein erschossen wurde, da es späte einmal umgehängt wurde.

Das Drama dürfte sich weiter vorne zugetragen haben. Das Gelände war im 19. Jahrhundert als Peißenberg in den Karten eingetragen, wurde aber – so die Auskunft eines alten Gmunder Heimatkundigen – von der Obrigkeit wegen der Jennerwein-Glorifizierung aus dem Geländekarten gestrichen.

Es ist eine eher einsame und anspruchsvolle Bergwanderung dorthinauf zur Rinnerspitz. Die Aussicht aber belohnt!

www.bodenschneidhaus-schliersee.de | www.alpenverein-muenchen-oberland.de/tourenarchive/2012/wasserspitz-rinnerspitz

Schlierseer Bauerntheater

Am Freitag, den 24. Juni 1892, gab es im neugebauten Theater die erste öffentliche Aufführung, nämlich Benno Raucheneggers »Jägerblut«.

Konrad Dreher, seinerzeit berühmter Hofschauspieler und später Schlierseer Ehrenbürger, hatte 1892 eine Laienbühne gegründet, Xaver Terofal, Schlierseer Metzger und Gastwirt, sorgte für das Theater. Erbaut wurde es nach Entwürfen des berühmten Münchner Architekten Emanuel von Seidl. Der Bühnenvorhang, ein Gemeinschaftswerk namhafter Maler der Münchner Künstler Vereinigung »Allotria«, war eine Sehenswürdigkeit. Aufsehenerregende Erfolge stellten sich ein. Die Schlierseer eroberten sich daheim und auf Gastspielreisen im In- und Ausland einen Ehrenplatz in der deutschen Theatergeschichte.

In den Jahren 1895 bis 1902 gastierten die »Schlierseer« regelmäßig in Wien, darüber hinaus noch viele weitere Städte in Europa. Der Höhepunkt der Gastreisen war eine Tournee durch Amerika. Am 19. Sept. 1895 schifften sich die Schlierseer auf der »Augusta Viktoria« ein. Die Truppe eröffnete ihre Tournee an der Metropolitan Oper in New York mit dem »Herrgottsschnitzer von Oberammergau«. Der Andrang war ungeheuer. Die Deutschen in Amerika, zumal die Bayern, waren begeistert. 1947 wurde das Theater durch einen Brand völlig zerstört. Trotz der schwierigen Nachkriegszeit konnte schon 1948 das Theater wiedereröffnet werden. Aber 10 Jahre später kam dann das endgültige »Aus«. Im Mai 1958 musste die damalige Leiterin Fanny Mittermayr ihr Theater aufgeben. 1966 begann der Neuanfang. Das Schlierseer Bauerntheater in seiner heutigen Form ist eine Laienbühne und möchte vor allem die alte Tradition des Bauerntheaters weiterführen, das heißt, Stücke aus dem bäuerlichen und dörflichen Leben mit Musik, Gesang und Tanz zeigen, abseits von Kitsch und Kommerz der Stadel und Volkstheater.

Schlierseer Bauerntheater | Xaver-Terofal-Platz 1 | 83727 Schliersee | tel 08026 / 2110
www.schlierseer-bauerntheater.de

Weitere Informationen zur Alpenregion Tegernsee Schliersee, dem »(heimlichen) Herz Bayerns« gibt die Webseite:

www.tegernsee-schliersee.de

Wir danken dem Markt Schliersee
für die freundliche Unterstützung dieses Buchs!

Anmerkungen

1 Haus der Bayerischen Geschichte (Hg.): An jedem Eck a Gaudi. Karl Valentin, Liesl Karlstadt und die Volkssänger, Edition Bayern, Sonderheft 04, Regensburg 2011, S. 4.
2 Zitiert nach Nied, Ernst Georg: Almenrausch und Jägerblut. Die Anfänge des berufsmäßigen oberbayrischen Bauerntheaters vor dem Ersten Weltkrieg, Kitzingen 1983, S. 283.
3 Haus der Bayerischen Geschichte (Hg.): Selbstbewußt! Eigen! Widerspenstig! Bayern in der Bundesrepublik, Edition Bayern, Sonderheft 09, Regensburg 2017, S. 77.
4 Andere Schreibweisen waren außerdem Mathias, Klostermair, Klostermaier, auch Brentanhiasl genannt wegen seines Geburtsthauses »zum Brentan« in Kissing, Hiasl und Hiesel, bayerisch oder boarisch – alles ist richtig.
5 Moser, Dietz-Rüdiger / Raffelsbauer, Caroline (Hg.): Geachtet & geächtet. Bayerische Volkshelden in kulturhistorischen Skizzen, Regensburg 2007, S. 112.
6 Ebd., S. 113.
7 Gesungen in dieser Variante von der »Biermösl Blosn«: https://www.youtube.com/watch?v=2lvQ-Iw1Xsc [zuletzt geöffnet am 11.1.2019].
8 Kristl, Wilhelm Lukas: Das traurige und stolze Leben des Mathias Kneißl. Bayerns großer Kriminalfall, edition monacensia, München 2002, S. 13.
9 »Simplicissimus«-Ausgabe 5. Jg. Nr. 41, 1901, S. 326.
10 Süddeutsche Zeitung, 28. März 2002: In Sachen Kneißl wegen Mordes. 100 Jahre nach der Hinrichtung des Räubers entdeckt eine Augsburgerin im Nachlass ihres Vaters Teile der verschollenen Ermittlungsakten.
11 Klaus, Martin A.: Der Fall Mathias Kneissl, München 2008, S. 185.
12 Legale Lynchjustiz, politischer Prozess, Justizmord aus Staatsräson? Mathias Kneißl (1875–1902) und sein Todesurteil. Mit Anhang: Das Protokoll seiner Hinrichtung. Von Hans-Georg Hermann. In: Drexler, Toni / Jakob, Reinhard (Hg.): Im Wald da sind die Räuber … Kneißl, Hiasl & Co. Räuberromantik und Realität, Fürstenfeldbruck 2006, S. 69–89.
13 Moser, Dietz-Rüdiger / Raffelsbauer, Caroline (Hg.): geachtet und geächtet. Bayerische Volkshelden in kulturhistorischen Skizzen, edition buntehunde, Regensburg 2007, S. 31.
14 Süddeutsche Zeitung, 28. März 2002.
15 Hillern, Wilhelmine von: Die Geier-Wally, o. J., S. 224.
16 Ebd., S. 7.
17 Ebd., S. 9.
18 Ebd., S. 7.
19 Ebd., S. 76.
20 Ebd., S. 222.

21 Moser, Dietz-Rüdiger / Raffelsbauer, Caroline (Hg.): geachtet und geächtet. Bayerische Volkshelden in kulturhistorischen Skizzen, Regensburg 2007, S. 21.
22 Ebd.
23 Dr. Peter Czoik und Dr. Birgit Ziegler-Stryczek, Bayerische Staatsbibliothek, in: www.literaturportal-bayern.de [zuletzt geöffnet am 28.2.2019].
24 »Mit Hansel im Gletscher«, Süddeutsche Zeitung, 28. August 2008.
25 www.filmportal.de/person/heidemarie-hatheyer_15e5e003e64149e-69e81052b6346f292 [zuletzt geöffnet am 18.1.2019].
26 Um 1900 entspricht die Kaufkraft von 1 Pfund Sterling etwa 85 Euro.
27 Bellinger, Gerhard J. / Regler-Bellinger, Brigitte: Schwabings Ainmillerstraße und ihre bedeutendsten Anwohner. Ein repräsentatives Beispiel der Münchner Stadtgeschichte von 1888 bis heute, Norderstedt 2012.
28 Fiedler, Teja: Mia san mia. Die andere Geschichte Bayerns, München 2014, S. 138.
29 Ebd., S. 136.
30 Wuermeling, Henric L.: 1705. Der bayerischer Volksaufstand und die Sendlinger Mordweihnacht. Mit einem Prolog von Winston S. Churchill, München 2005, S. 9 und Interview mit Henric L. Wuermeling in Rottach-Egern am 6. Mai 2018.
31 Ebd. und Interview mit Henric L. Wuermeling in Rottach-Egern am 6. Mai 2018.
32 Wuermeling, Henric L.: Der bayerische Volksaufstand und die Sendlinger Mordweihnacht 1705, München 2005, S. 159f.
33 Schmidt, Willibald: Sagen aus dem Isarwinkel, Bad Tölz 1936, http://www.sagen.at/texte/sagen/deutschland/bayern/isarwinkel/schmiedvonkochel.html [zuletzt geöffnet am 17.1.2019].
34 http://www.historischegruppe-schmiedvonkochel.de/ [zuletzt geöffnet am 12.2.2019].
35 Im Original von Franz von Kobell heißt er der Brandner Kasper – also mit einem »e«. Später wird er zum Kaspar hochgedeutscht.
36 Ganghofer, Ludwig: Lebenslauf eines Optimisten, Altenmünster o. J., S. 354.
37 Stieler, Karl: Weil's mi' freut! Neue Gedichte in oberbairischer Mundart S. 132, in: Karl Stieler (1842–1885) Gedichte, herausgegeben zum 100. Todesjahr, Berchtesgaden 1985.
38 Thoma, Ludwig: Erinnerungen. Lebensbilder des bayerischen Volksdichters, Berlin 2015, S. 44.
39 Zitiert nach Herm, Dietrich: »Franz von Kobell. Brückenschlag von der Naturwissenschaft zu Geisteswissenschaft und Kunst«, in: Denker, Forscher und Entdecker. Eine Geschichte der Bayerischen Akademie der Wissenschaften in historischen Portraits, herausgegeben von Dietmar Willoweit, München 2009.
40 Boandlkramer ist heute üblich, in früheren Ausführungen wird der Tod auch Boanlkramer oder da Boanl genannt. Das wird bei manchen Autoren wieder aufgenommen.
41 www.josephmlutz-museum.de/vor-ort-jml-in-paf/reales-museum-dichterstube [zuletzt geöffnet am 21.1.2019].
42 Wilhelm, Kurt: Der Brandner Kaspar und das ewig' Leben, Rosenheim 2015, S. 23.
43 Ebd., S. 24.
44 Liegt vor als Abschrift »eigenhändig abgetippt und persönlich überreicht durch Seestaller Hans«.

45 Ebd.
46 Tegernseer Talheft, 1957, S. 122.
47 Konrad Adlmaier: Der Oberländer Habererbund. München 1926.zitiert nach http://www.sueddeutsche.de/bayern/2.220/sz-serie-schauplaetze-folge-eine-unselige-tradition-1.3781900 [zuletzt geöffnet am 3.4.2019].
48 Hans Seestaller, Abschrift, S. 2.
49 Ebd., S. 3.
50 Stieler, Karl: Wildschützen im bayerischen Gebirg, 1873, nach Andreas Aberle: Es war ein Schütz in seinen schönsten Jahren, Rosenheim 1972, S. 11f.
51 Heim, Michael: Unsterblich, durch einen Schuß in den Rücken, in: Tegernseer Talheft 101, S. 30–32.
52 Ebd., S. 30.
53 Ebd., S. 31.
54 Zitiert TT101 Winter 1988 / 89 S. 32 Michael Heim, »Der Autor dankt Hans Hohenadl, dem ehemaligen Leiter des Forstamtes Tegernsee für die Einsicht in die Archivunterlagen«
55 Aberle, Andreas: Wilderer Album, Rosenheim 1998, S. 121.
56 Ebd., S. 120.
57 Stöger-Ostin, Georg: Georg Jennerwein, der Wildschütz, München 1947, S. 10.
58 Unterlagen / Rollenbuch Oberhorner.

Anhang

Verwendete Literatur

Aberle, Andreas: Wilderer Album, Rosenheim 1981

Ders.: Es war ein Schütz. Von Wilderern und Jägern, Rosenheim 2001

Ammann, Anneliese: Schliersee und sein Bauerntheater. Geschichte und Geschichten zum hundertjährigen Bestehen, Dachau 1992

Bellinger, Gerhard J. / Regler-Bellinger, Brigitte: Schwabings Ainmillerstraße und ihre bedeutendsten Anwohner. Ein repräsentatives Beispiel der Münchner Stadtgeschichte von 1888 bis heute, Norderstedt 2012

Böckl, Manfred: Der Bayerische Hiasl. Das abenteuerliche Leben des Matthäus Klostermayr, Erfurt 2012

Drexler, Toni / Jakob, Reinhard (Hg.): Im Wald da sind die Räuber. Kneißl, Hiasl & Co. Räuberromantik und Realität, Jexhof-Hefte 18, Schöngeising, Bauernhofmuseum Jexhof, 2002

Fiedler, Teja: Mia san mia. Die andere Geschichte Bayerns, München 2014
Ganghofer, Ludwig: Lebenslauf eines Optimisten, Altenmünster o. J.
Golowin, Sergius / Eliade, Mircea / Campbell, Joseph: Die großen Mythen der Menschheit, München 2002
Graf, Bernhard: Im Glanz edler Steine. Die Juwelen der Wittelsbacher, München 2018
Hamm, Margot u. a. (Hg.): Wald, Gebirg und Königstraum – Mythos Bayern. Katalog zur Bayerischen Landesausstellung 2018, Regensburg 2018
Haus der Bayerischen Geschichte (Hg.): An jedem Eck a Gaudi. Karl Valentin, Liesl Karlstadt und die Volkssänger, Edition Bayern, Sonderheft 04, Regensburg 2011
Ders: Rebellen, Visionäre, Demokraten. Über Widerständigkeit in Bayern, Edition Bayern, Regensburg 2013
Ders: Selbstbewusst! Eigen! Widerspenstig! Bayern in der Bundesrepublik, Edition Bayern, Sonderheft 09, Regensburg 2017
Hillern, Wilhelmine von: Die Geier-Wally, o. J.
Karl, Michaela: Sozialrebellen in Bayern. Matthäus Klostermair, Michael Haigl, Mathias Kneißl, Regensburg 2003
Klaus, Martin A.: Der Fall Mathias Kneissl, München 2008
Kobell, Franz Ritter von: Die G'schicht' von' Brandner-Kasper oder Das Spiel ums Leben, vollständige und ungekürzte Ausgabe des Urtexts in altbairischer Mundart von 1871, mit den Originalstichen von Ferdinand Barth, herausgegeben und bearbeitet von Walter Rathgeber, München 2013
Kristl, Wilhelm Lukas: Das traurige und stolze Leben des Mathias Kneißl. Bayerns großer Kriminalfall, edition monacensia, München 2002
Lewandowski, Norbert / Schmid, Gregor M.: Das Haus Wittelsbach. Die Familie, die Bayern erfand, München 2014
Moser, Dietz-Rüdiger / Raffelsbauer, Caroline (Hg.): geachtet und geächtet. Bayerische Volkshelden in kulturhistorischen Skizzen, Regensburg 2007
Nied, Ernst Georg: Almenrausch und Jägerblut. Die Anfänge des berufsmäßigen oberbayrischen Bauerntheaters vor dem Ersten Weltkrieg, Kitzingen 1983
Panzer, Marita A.: Wittelsbacherinnen. Fürstentöchter einer europäischen Dynastie, Regensburg 2017
Reichart, Helga: Die Geierwally. Leben und Werk der Malerin Anna Stainer-Knittel, Innsbruck 1991
Rogasch, Wilfried: Bayern in 24 Kapiteln, München 2015
Schinzel-Penth, Gisela: Sagen und Legenden von München, Frieding 1979
Thoma, Ludwig: Erinnerungen. Lebensbilder des bayerischen Volksdichters, Berlin 2015
Veiz Brigitte: Das Oktoberfest. Masse, Rausch und Ritual, Gießen 2006
Well, Christoph (Hg.): Klampfn Toni. Eine Sammlung bairischer Lieder und Gstanzl, Moritaten, Couplets, Wirtshaus- und Wildschützenlieder, München 1996
Wuermeling, Henric L.: 1705. Der bayerische Volksaufstand und die Sendlinger Mordweihnacht. Mit einem Prolog von Winston S. Churchill, München 2005
Ders: Auf der Suche nach Europa. Zeitreise durch die Geschichte, München 2005

Archive

Archiv Benno Eisenburg
Archiv der Bayerischen Staatsbibliothek
Archiv der Süddeutschen Zeitung
Archiv der Tegernseer Talhefte, Talverlag
Archiv des Münchner Merkur
Archiv Gemeinde Waakirchen
Archiv Henric L. Wuermeling
Archiv Historischen Fördervereins »Bayerischer Hiasl« Kissing e.V.
Archiv Schlierseer Bauerntheater e. V., private Sammlung Heiner und Elisabeth Oberhorner, Schliersee

Bildnachweis

S. 22: G.P. und Johann Lorenz Rugendas d. Ä.: »Matthias Brentan vulgo der Bayrische Hiesel, nebst seinem Jungen, und Grosen Hunde«, Kupferstich 1771.
S. 34: Der Bayerische Hiasl, Abbildung aus: Andreas Aberle, Es war ein Schütz in seinen besten Jahren, Rosenheim 1972, S. 6.
S. 46: Der Der 26-jährige Mathias Kneißl im Rollstuhl in der Chirurgischen Klinik in München, 5. März 1901.
S. 56: Räuber Kneißl wirbt erfolgreich für das Dunkle der Brauerei Maisach
S. 70: Anna Knittel-Stainer: Selbstporträt im Adlerhorst, Rahmen nach Entwürfen der Künstlerin, Gemälde, 1864.
S. 104: »Der Schmied von Kochel (Balthasar Mayr, der Schmied von Kochel eilt mit den Bauern des bayrischen Gebirges seinem Fürsten Max Emmanuel zur Hilfe, in der Christnacht 1705«, Gemälde von Philipp Sporrer, um 1856.
S. 158: Andreas Kern in der Rolle des Boandlkramer am Tegernseer Vokstheater, 2018.
S. 171: Schützenscheibe mit »Jennerweins Ende«.
S. 192: Georg Jennerwein, Fotografie am Grabkreuz des Jennerwein-Grabs am Westenhofener Friedhof.

Andreas Richter: S. 55
Archiv Bräustüberl Maisach: S. 56, 68, 69
Archiv Heimat- und Geschichtsverein Aschau i. Chiemgau e. V.: S. 79
Archiv Heiner Oberhorner: S. 174, 178, 191, 192
Arno Declair: S. 82–83
Bauernhofmuseum Jexhof: S. 49
Feneberg, Tegernseer Schießstätte: S. 167
G. Wagner: S. 116

Gabi Meyer-Brühl: S. 11
Gabriela Nee, Münchner Volkstheater: S. 155
Gut Mergenthau: S. 43
Heimatmuseum Miesbach Alexander Langheiten: S. 128
https://wawimuc.blogspot.com: S. 64 unten, 66–67
Klaus Leidorf: S. 20–21
Koenen / Stadt Dillingen: S. 44–45
Lechtal Tourismus: S. 95
Ludwig Hörth: S. 184
Manfred Glück: S. 120, 127, 131
Münchner Stadtmuseum, Sammlung Graphik/Gemälde: S. 141
Painters / Alamy Stock Foto: S. 70, 84
Privat: S. 12, 17, 18, 26–27, 33, 38, 39, 40, 48, 51, 52, 64 (oben), 74, 76, 77, 78, 80, 90, 91, 92–93, 96–97, 99, 100, 101, 103, 104, 107, 111, 112–113, 125, 130, 132, 133, 136, 138–139, 142, 145, 147, 148, 151, 168, 170, 175, 179, 190
Schloss Unterweikertshofen: S. 62–63
Sonja Still: S. 118, 129, 169
Swarovski Kristallwelten: S. 102
Tegernseer Volkstheater: S. 158
Theaterverein Osterzell: S. 42
Thomas Plettenberg: S. 106, 157
Toni Scholz: S. 134–135
Wunderkammer Elbigenalp GnbR: S. 94, 95

Danke

Ohne die vielen inspirierenden und hilfreichen Gespräche wäre dieses Buch nicht möglich gewesen. Ich danke daher herzlich Roland Götz, Kirchenhistoriker, Klaus Wolf, Professor für Literatur an der Universität Augsburg, dem Historischen Förderverein »Bayerischer Hiasl« Kissing e. V, Benno Eisenburg, Archivpfleger Gemeinde Gmund am Tegernsee, Henric Wuermeling, Autor und Historiker, Hans Winklmair, Archivpfleger Gemeine Waakirchen und besonders Heiner Oberhorner.

Bayerische Landpartien

Gabriele Rüth:

Entlang der Loisach

Von Biberwier bis Wolfratshausen – Ausflüge auf den Spuren der Flößer

Sie entspringt zwischen den Lechtaler Alpen und dem Wettersteingebirge und schlängelt sich über 100 Kilometer durch Tirol und Oberbayern, bevor sie nördlich von Wolfratshausen schließlich in die Isar mündet: die Loisach. Die Orte an ihren Ufern sind alle historisch miteinander verbunden – besonders durch die Flößerei. »Entlang der Loisach« beleuchtet die Geschichte dieser Flößerorte und ist gleichzeitig ein idealer Führer für Radfahrer und Ausflügler, die mehr über dieses einst blühende Gewerbe wissen und gleichzeitig idyllische Natur genießen wollen.

Bayerische Landpartien, Band 1

128 S., Klappenbroschur, ISBN 978-3-86906-504-5

Gabriele Rüth:

Entlang der Isar

Von Scharnitz bis München-Thalkirchen – Ausflüge auf den Spuren der Flößer

»Entlang der Isar« lädt den Leser zu einer Isarfahrt der besonderen Art ein: Auf den historischen Spuren der Flößer geht es von der Quelle im Hinterautal über das Werdenfelser Land, das »Goldene Landl«, am Tölzer Land vorbei, bis nach München-Thalkirchen. Nach »Entlang der Loisach« beleuchtet der zweite Reiseführer der Autorin Gabriele Rüth diesmal die traditionelle Welt der Isar-Flößer und erzählt die Geschichte des fast 300 Kilometer langen Flusses. Neue Ausflugstipps sowie reichlich Bildmaterial zu den malerischen Ufern und landschaftlichen Juwelen der Isartäler bereichern die historischen Eindrücke und gestalten einen individuellen Reiseführer.

Zum gemütlichen Schmökern oder als perfekter Begleitband für Fahrradtouren, Kurzurlaube oder Ausflüge.

Bayerische Landpartien, Band 2

140 S., Klappenbroschur, ISBN 978-3-86906-687-5